U0458406

雅

胡高峰 著

上海三联书店

和同而化，

雅极而存，

故万物宗雅。

阴阳之本体，

缊缊相得，

无极併雅，太极雅住。

宇宙洪荒，雅极而存。

太者，极其大而无尚之辞；

极者，极其至而无赞之语；

太极者，阴阳之混合天成而不可名于阴阳者也，

无有不极，无有一极，无极而太极。

阴阳之本体，

絪缊相得，和同而化，

雅极而住，塞于天地，

交流而运，生变而通，

象器法用，物极而神。

物极而神。

物神而雅。

物神而雅。

天地成物而秉物以性，

物循天性而以道显，

明明焉为化育，化育之质盛者，

雅之至焉。

道不可须臾离，化育不可须臾微，

精进不可须臾衰，往复不可须臾止，

相序不可须臾悖，融生不可须臾断，

交流不可须臾舍，彰显不可须臾翳，

是谓妙不可言、机不可测之谓神，

神之可意者暂名之雅，故万物以雅存神也。

中和致雅。

致中和，天地位焉，万物育焉。

中者则内顺情，顺情亦雅私；

外以显仁，显仁则能雅众。

雅己之私美者私德盛，

雅众之众美者公德大。

中则入融，入融亦雅情；

和则相宜，相宜亦雅功。

入融者各得其雅，相宜者各得其长。

雅私者天下之雅本，雅众者天下之达雅；

合融者雅之俾力，相宜者雅之俾功。

故中和致雅也。

中和致雅。

相济涵雅。

相济涵雅。

天垂象而有变，

地之成形而有化。

变化者，进退之象也。

其阴阳，刚柔之象也；

其吉凶，失得之象也；

其悔吝，犹豫之象也。

雅者其进也退，其退也进，

无进退之形也；

其亦无所得，亦无所失，

无失得之较也；

其无有悔吝，亦无有犹豫也。

无失得者，无私也，以能促人之成；

无进退者，无我也，以能促人之美；

无犹豫者，无意也，以能促人之善。

万物和谐以相济，相济即雅之盛景矣。

雅不偏人。

真、善、美其三足焉，

安世则立于庙堂，济世以为雅；

顺己则逸于江湖，避人以为雅。

济世者其谓治国平天下，修身齐家以贯之；

避人者其为逸士追者也，修身齐家以顺之。

君子者所谓大人，劳作者所谓庶民，

治人治于人所谓社会之秩序也。

逸者超然所谓世外高人也，

三者之中，皆有雅者，

君子之雅譬如尧舜，

庶民之雅譬如鲁国之俭啬者，

逸者之雅譬如北海之伯夷、东海之太公。

故雅不偏人，人人可致雅也。

雅不偏人。

诚为德之始，雅为德之端。

诚为德之始，雅为德之端。

诚明谓之性，明诚谓之教；

雅明谓之质，明雅谓之化。

诚而明，雅而盛。

诚能尽其性，雅能尽其仁。

物雅其芬芳，人雅其德行。

物之雅则簇之，人之雅则敬之。

物有益有损，皆以中和而均之，

益之则盛大，损之则式微，即为尽仁也。

人之尽仁则成人之美，此谓立人；

成天下之安，此谓立世。

性诚为仁之本，性仁为道之体，

道仁为行之端，雅憺为仁之终。

故仁以诚始，以雅终也。

雅者自雅。

诚者自诚，道自道，雅自雅也。

诚者之物始，质之本，不诚而无所质，
亦无所形，故君子贵诚以正质；
道者之物化，质之长也，非道则有邪，
不道则旁门，故君子以贵道而化质；
雅者物之至境，质之盛也，
非至者则众众，至之者则寥寥，
故君子以贵雅而雅质也，以稀有也。

雅者内质而正，外化而道，
与物以仁，与人以爱，成人而无我，
成事而无功，尽性德，合内外，
近者皆有所得，远者亦有所长，
得时而用，无往而不宜。
故雅者能内外一而自雅也。

雅者自雅。

雅为天下之大经。

雅为天下之大经。

至诚以修身，修身则有德，

有德则内圣外仁。

内圣则情绪和，外仁则睟面盎背。

心体透然则至雅。

至雅者，不审于己而诸己有仁，

不责于人而人皆求诸己，

不党于朋而追随者众，

不师于庶蒙而远迩得以善行，

不动而变，无为而成，生而知之。

此之谓至雅无息。

至雅不雅于物而物倾之，

不雅于人而人慕之，无言得言语之智，

无行得行为之率，无化得化育之效，圣功也。

人之雅，始于正心诚意。

人之雅，始于正心诚意，
极于人伦止于至善，
人尽尧舜，人伦道德之至；
周有文王，窥天地之奥，礼运大同，
精神贵族以贯之，天下归雅，人道之至雅。
后有百家治世，百经皆为雅注，
百家之所求终归于雅焉。

道之雅在天地合德而生万物。
万物和谐相济，
天运玄同，万物复归于自然，天道焉。
天、地、人同道合德，
天道之至雅，
故雅为天下之大经。

合宜相长，

造化涵济，

故大雅涵道。

自然之本性，

顺天应地，

天德。

所谓天德者,《周易》之《乾卦》卦辞云:元、亨、利、贞。元者,创始也;亨者,亨通也;利者,和谐也;贞者,正固也。元之肇创之德,由无生有,由简生繁,由寡生多,由一生类,其生发之美即为雅也。元为善之长,善之终归于雅。有水而生木,有木而有车,有土而有器,车器生成,既成既得,物为所用者也。物为所用,物之雅也。此为元德之雅而证之者也。亨之融通之德,王夫之云"亨同烹享"也,烹饪之事,气彻而成熟;荐享之礼,情达而交合,故为通义也。天地交合为泰,闭塞为否。气不通则窒息,物不交流则无生。汪洋于大地者,为水;乘气而上氤氲于太虚者,为云;施于大地以泽万物者,为雨;聚雨又为汪洋,此乃流通之证也。万物因流通而彼此相融相生,此为亨之雅也。

利之和谐之德。万物得生而流通，功之遂成。遍万物而无所吝，周万物而无所遗，成万物而无所不宜，万物各取其益，此为和之利也。因和谐而各得其所，为利之雅也。贞之正固之德。天下惟不正则不能自守，正斯固矣，故曰正固也。纯阳之德，变化万有而无所偏私，因物以成物，因事以成事，无诡随，亦无曲挠，不怠改其心志，不慢动其操守，坚其性情，强其追求，固其本质，正而固也。物因正固而自守，事因正固而得宜，天地因此而得正气，此谓贞之雅也。《乾》之大雅，君子行此四德也。

地德。

所谓地德者,《周易》之《坤卦》卦辞云:元亨,利牝马之贞。其《象》曰:地势坤,君子以厚德载物。《坤》之元德,同于《乾》之元德,同为肇创之义。阴无阳无以始,万物负阴以抱阳,形质成而性既得。相耦而合,方始方生。阳之始以成性,阴之始以成形,时无先后,为变化生成自无而有之初几,通乎万类,此为阴阳肇创之德也。《坤》之元德之雅,功在成形并物而有所用也。《坤》之亨德,亦同于《乾》之亨也。地水为阴,受于阳而成云,受于阴而成雨,此亨通之象,阴阳同功,无阴则阳之无所成,无阳则阴之无所变,故《坤》亨德之雅亦为万物流通交合之礼也。地形之势,高下相积而趋于下,必处卑,托赑万物于其上,载之象也;承天下之万类性情,合天下之智愚贵贱,无所偏废,无所择拒，万物皆有所养，故曰厚载也。皆以顺其形而成之，不以己之所能责人之不逮，仁体而为，仁礼存心，无横逆之丝毫，此谓地德之顺也。故曰君子以厚德载物。地德惟至其顺，故能受天之施，而所含者弘，其发生万物，得天气之精英，以成动物植物之性命，以得万物之富，以获文章之美，其光也广大，故曰含弘光大也。含弘光大者，母性之象也，故曰牝马。以顺以容，无我而利他，固我而养人，受天而成物，受动而非主动，故曰利牝马之贞。万物因地而生并光大，此为《坤》德之至雅也。

物器之尽善尽美者莫过于拊雅,《礼记·乐记》云:"治乱以相，讯疾以雅。"所谓乱，即乐中之合舞杂者;所谓相，即搏拊按节拍之器，拊也。舞乱则需合，合则需节拍导之，以拊导之，则舞趋于合，而合于礼也。所谓讯疾，即为节制节奏信号也;所谓雅，即为筒状之打击乐器也。雅为正音，可知此乐器为正音也。雅音既出，动作趋缓，以合乎礼也。所谓舞者奋疾而不拔也，以雅节制，使其节奏得宜。礼乐之器用大矣。物器之雅，合天地人三才之气。天能生之，地能成之，而斟酌饱满爕谐以全二气之粹美者，人之能也。《诗经·大雅·生民》赞后稷"后稷之穑，有相之道"，赞后稷之功也。稼穑有可丰美之道而未尽昭著，后稷因天之能，尽地之利，以人能合而成之。凡圣人用天地之神而化其已成之质，使充实光辉，皆如此也。物器之重者在于国家之鼎立，其庄者在于祭祀之用，其庸常在于生活之间。其大其小，其绚烂其质朴，其雅在于形式之宜和役用之功。形式之宜者，庄焉则庄，戏虐焉则滑稽，容大焉则肚大，行疾焉则便行。形式之宜外化为

美，观之则悦，抚之则怡，不观不抚则有羡。物器因用
而有功，车马能行而驭千里，缶罐能容而纳五谷，礼
乐能奏而知神灵，物器因功而大。物器之雅，雅其光
辉也。

自然之雅在于仁。

自然之雅在于仁。物之逐利，物之本性也。一寸之地，相傍者各争土地之养，胜者则壮，输负者则羸，故农人稼穑必除芜杂，以防其争也。其逐利为性情，为其自身受益，是其本也。无害其他，合天地之气，则是仁于自身也。植物本于地，地之所生也；春之阳气上升，阴气下降，屯生萌蘖；秋之阳气下降，阴气上升，性质渐散，此为植物得四时之利而仁于自身也。春情萌动，夏季活络，秋季藏物，冬季为眠，春生夏长秋收冬藏此为生物之仁于自身也。自然之物亦有仁，乃泽被他人之德。植物之果实，能养人及动物；生物之间互为天敌者，即为自然平衡之道；互为益者，即为相互促进之德；食物链高低之分者，无所谓贵贱，皆是自然之理也。自然之美在于相得益彰，性命各得其所，形式各得其形，实质各得其养，和谐而不忤逆，是为自然之存续法则也。显诸仁者莫过于阳光，光合之下，万物无所谓种类皆得以普照，各性情皆得以生长，不择物性，不摒贵贱，是为阳光之普仁也。水亦有上善之德。植物需之，动物饮之，人类用之。其间亦无区分，其处之以坦然，其德行亦以淳厚之仁德，其无所拒，其无所好，其卑微也低于地面，其清洁也足以养万物，其德行堪如阳光之德也。自然万物之雅，利于己身以功用于世间，亦为仁；与其他相融相生相促向上者，亦为仁；有形之美，质之实，亦为仁；自然之尽善尽美，即为雅之极也。

所谓时空，时间位置也。

所谓时空，时间位置也。所谓时间，先后之序也，故《周易·乾卦》曰"六位时成"。君子之安其时间之序，必因其时。《乾卦》初爻之"潜龙勿用"，因其时之初也，时之"潜"而机变不至，动则有妄，用则不成。二爻之"见龙在田"，因时有"见"也，虽根基不庞，但亦有煦涵；虽才德不弘，但亦能成事；虽新初来，但有潜质，此时之"见"，显才能也，以求"大人"垂宪，以"利见大人"，此是时之机也。三爻之"终日乾乾"，因时之"惕"也，君子才显允而有令德，有志向而出类，有能力而拔萃，一花芳于丛，独木秀于林，其根系也未足，其功业也未大，其地位也未固，故需朝夕惕也。四爻之"或跃在渊"，因时之值"进退之际"也，功亏一篑者则旧时，骐骥一跃者则迎尊贵之时，与时竞争以逮机会，故需跃也。五爻之"飞龙在天"，因时之"盛"也，君子仁体而德行备，天时佑护而功业成，其德足以表率于天下，其言行足以法于天下，其智足以化育天下，此谓时之端也。六爻之"亢龙有悔"，因时之过也，日过则光衰，事过则有异，宴息黎明皆有其性，时过则不复，逆时则有悖，故时有悔也。时之序如《乾卦》六爻也。君子因时行事，先时不争，后时不失，尽道时中以俟命矣。不争不失者，收放自如，进退有章，雅之时也。

位置有同异并有贵贱,有应感并有从违。《乾卦》初爻之"潜龙勿用",此为位置之初也,地位卑微者则行事不显,夯才而不妄,敦基而不燥,此为《乾卦》初位之智也;而《复卦》之初爻"不远复,无祗悔,元吉"也,其初位为一元复始之起源,动能之源泉,变化之肇始,阳爻逐生,阴爻渐退,成《乾卦》也。《乾卦》《复卦》初位动能之别,前者为贱为弱,后者为贵为强,亦为位置有同异而贵贱也。《解卦》之六三爻"负且乘",又证位置之贵贱也。负者,负载之事,小人之任也;乘者,乘坐之逸然,君子之行也。小人负载而行君子之器,言行举止与器物不配,其貌也戚戚,其心也惶惶,其形也丑陋,故"致寇至"也。盗贼辨其为非君子,知其载物有宝器,故有偷盗之心。此谓位置不当而祸害至焉。位置有应感,《乾卦》之九二"利见大人",是为九五相应感也,九五为君主,为大人;《蒙卦》之六五"童蒙,吉",其为位置之利也,六五为全卦之君主位,上卦之中,位置得正,又与九二之应感,六五为阴为学,九二为阳为师,师生相应相求,是为吉也，此为位置之从也；《蒙卦》之初六为阴为学也，但上无应感，所以"以往吝"；此诸等皆为位置之违也。君子之安位置之微妙，须遵位置之宜也。或同或异皆适宜，有应有感有从而不违，君子之处，雅之空间也。

礼正则雅。

礼正则雅。《荀子·礼论》云："礼起于何也？曰：人生而有欲，欲而不得，则不能无求；求而无度量分界，则不能不争；争则乱，乱则穷。先王恶其乱也，故制礼义以分之，以养人之欲，给人以求。使欲必不穷于物，物不必屈于欲，两者相持而长，是礼之所起也。"荀子之论，根于《周易·履卦》也。《周易·序卦》云："物蓄然后有礼，故受之以履。履者，礼也。"其《杂卦》云："履，不处也。"其《系辞》云："履，德之基也。""履，和而至。""履以和行。"物富而需礼以之节制，故有礼也。其不处和行，意为谨慎行为而得以合宜也。不处，即为不骄妄之意也。《履卦》卦辞云："履虎尾，不咥人，亨"，踩虎尾而无害，礼之至也。其《象》云："上天下泽，履。君子以辨上下，定民志。"所谓辨上下，亦为天在上泽在下，自然之秩序也。又尊卑之序也，天为高为尊，地为卑，天高地卑也，然卑于地者亦为泽也，故其卑也极，卑以自牧，礼之盛也。礼之规范有三焉：礼法、礼义、礼仪。所谓礼法，即为礼之精神，宗法之原则；所谓礼义，即为礼之道德约束，合礼为义；所谓礼仪，即为礼之行为约束，处事必合礼节。《荀子·礼论》云："凡礼，始乎棁，成乎文，终乎悦校。故至备，情文俱尽。"儒家以礼为大，其典籍有三：《周礼》《仪礼》《礼记》。礼至能达和谐也。礼者，贵贱有等，长幼有差，贫富轻重皆有称者也；庄重之场，嬉戏之间，熟识或陌生之境，皆能得宜也。礼之彰显有二：普遍之礼与特殊之礼；实质之礼与形式之礼。普遍者，人人需要有礼也，如孔子云"不学礼，无以立"；特殊者，特殊之场景也，礼仪有特殊也；实质者，礼仪在身色无伐，以礼役物事人，以礼教人，礼由心生，义以为质，礼以行之；形式者，行为合乎礼之规范，行止得体，为礼敬慎，文质彬彬。礼正则各得其所，各得其所则雅之生矣。

处世之雅即为礼之至也。

处世之雅即为礼之至也。《孟子·离娄上》云："仁之实，事亲是也；义之实，从兄是也；智之实，知斯二者弗去是也；礼之实，节文斯二者是也；乐之实，乐斯二者，乐则生矣；生则恶可已也。恶可已，则不知足之蹈之、手之舞之。"文饰调和即为礼之大义也。《荀子·修身》云："宜于时通，利于处穷，礼信是也。凡用血气、志意、知虑，由礼则治通，不由礼则勃乱提僈；食饮、衣服、居处、动静，由礼则和节，不由礼则触陷生疾；容貌、态度、进退、趋行，由礼则雅，不由礼则夷固僻违，庸众而野。故人无礼则不生，事无礼则不成，国家无礼则不宁。"礼与雅乎，可见荀子之论断焉。

孔子行车，凡遇丧事者，必起身离座，抚轼神庄，虽不识不亲，仍感同身受也，此为行止之合乎礼也。祭祀以紫衣，丧事以绛衣，朝服立于阼阶，此为服饰之宜也。曾有问曰：儒服儒冠可利于学问否？孔子愀然作答曰：丧事之素与其同义也。《孔子家语·儒行解》云："丘少居鲁，衣逢掖之衣。长居宋，冠章甫之冠""丘闻之，君子之学也博，其服以乡"，以乡，入乡随俗也，服饰不突兀，言语不别类，此亦为和融之举，亦为礼也。

克己复礼为雅之核，人际交往其任重也。《诗经·小雅·楚茨》云："献酬交错，礼仪卒度，笑语卒获。""献酬交错"，杯盏频举之象也；"礼仪卒度"，礼仪合乎法度之象也；"笑语卒获"，舒服愉悦之象也。近悦远来，雅景也。与人交，雅之大矣在乎成人之美。成人乎发于仁心，之美乎凭于仁举，仁心仁举，和雅之至也。

人之雅亦须正也。

人之雅亦须正也。《荀子·修身》云："以善先人者谓之教，以善和人者谓之顺；以不善先人者谓之谄，以不善和人者谓之谀。是是、非非谓之知，非是、是非谓之愚。伤良曰谗，害良曰贼。是谓是，非谓非曰直。窃货曰盗，匿行曰诈，易言曰诞。趣舍无定谓之无常，保利弃义谓之至贼。多闻曰博，少闻曰浅；多见曰闲，少见曰陋。难进曰偍，易忘曰漏。少而理曰治，多而乱曰秏。"荀子所列，高山深谷之比也，君子小人之相形，雅俗之别也。仁心则能表率，正言则能和融，正是非则能取信，正贤人则能服众，正行为则能彰明，正知识则能广博，正治理则能民心顺，正者之义大矣。雅者正心，《荀子·修身》云："治气养心之术：血气刚强，则柔之以调和；知虑渐深，则一之以易良；勇胆猛戾，则辅之于道顺；齐给便利，则节之以动止；狭隘褊小，则廓之以广大；卑湿重迟贪利，则抗之以高志；庸众驽散，则劫之以师友；怠慢僄弃，则照之以祸害；愚款端悫，则合之以礼乐，通之以思索。凡治气养心之术，莫径由礼，莫得要师，莫神一好。夫是之谓治气养心之术也。"心为气质之主，心正则有雅气。体恭敬而心忠信，术礼义而情爱人，行天下焉人莫不贵；劳苦之事则争先，饶乐之事则能让，行天下焉人莫不任。正心则诚意，诚意则身修，身修则言行举止得宜，则礼义在身；礼义在身，则温温然也。雅质其体，雅人也。

至雅须存诚。

至雅须存诚。诚者，真实无妄之谓。人性本诚，但为物诱，则有时不诚耳。然则欲存诚，奈何先宜格物去其恶。致知存其善，正其心，次宜力行。存其诚，诚通万物，心正意诚者圣人之道也。易曰："闲邪存其诚。"又曰："修辞立其诚。"此自强不息之君子，所以上合天德也。至《大学》言诚意，《中庸》言自成，《孟子》言反身，要皆致知勉行以存之者也。

《大学》"正心诚意"等八要，概之"毋自欺"焉。《中庸》云："诚者，天之道也；诚之者，人之道也。"将诚列为天道也。所谓天道，本诚而不欺万物，本实而不妄万物，本性而仁于万物，贵诚而弃不实，尊诚而贬虚无。所谓人道也，《中庸》云："自诚明谓之性。自明诚谓之教。诚则明矣，明则诚矣。""其次致曲，曲能有诚，诚则形，形则著，著则明，明则动，动则变，变则化。唯天下至诚为能化。""诚者物之终始，不诚无物。是故君子诚之为贵。诚者非自成己而已也，所以成物也。成己仁也；成物知也。""唯天下至诚，为能尽其性；能尽其性，则能尽人之性；能尽人之性，则能尽物之性；能尽物之性，则可以赞天地之化育；可以赞天地之化育，则可以与天地参矣。"《中庸》旨意，诚为性之德也，合内外之道也，故时措之宜也。合乎内外，时措之宜，即为雅也。孟子云思诚为人之道也，其言人之凡事必须心诚。《孟子·离娄上》云："至诚而不动者，未之有也；不诚，未有能动者也。"秉诚意方能化人也。《孟子·离娄上》又云："诚身有道，不明乎善，不诚其身矣。"此为诚意与善之关系也。又云"悦亲有道，反身不诚，不悦于亲矣"，此诚意于处世之效用焉。悦亲为处世之重，其后是友，其后是上，各指为亲情、友情、同事之景也。能悦亲则能信友，能信友则能获于上，而诚意为本为始为基焉。有诚而相处得宜，雅之致也。诚如《孟子·尽心上》云："万物皆备于我矣，反身而诚，乐莫大焉。"此为雅乐也。

雅人须有雅气。人为气之体，万物之理亦是如此。《周易》云阴阳二气感应而相生。《孟子·公孙丑上》云："气，体之充也。"虚化神，神化气，气化形，形生万物，是道之用也。虚神气形之关系，亦同孟子之志气关系也。雅气源自志高。志以主宰乎一身，而役使于气，为气之将帅也。气以充满乎一身，而听命于志，志之卒徒也。养气之雅，是志固第一紧要。人固当持守其志，使卓然于内，以位一身之主宰；亦当善养其气，使充满于身，以为吾志之运用。此内外本末，交相培养之道也。志固难持，而气亦未易养也。且如溺声色，则耳目易荒；嗜盘游，则精力易耗；喜怒过当，则和平之理易伤；起居不时，则专一之度或爽。诸如此类者，可谓暴其气也，足以动摇其心。气之不养，遑论雅质。气浮者好

雅人须有雅气。

动，气雅者好静；气浮者好难，气雅者好易；气浮者好繁，气雅者好简；气浮者好逸乐，气雅者好恬淡。清静简淡易有雅气。气之雅为气之精致者。凡物有形有声音者，皆可指其形声而言之。惟人之雅气，充满于身，听命于志，无形可见，无声可闻，难以言语以形容，但近者皆可感知，受其气场，为其倾慕。气质之雅，起于养志，行于浩然之正气，化于气场也。

精神之雅须要存养。孔子恶无精神者如宰予。《论语·公冶长》云:"宰予昼寝。子曰:朽木不可雕也,粪土之墙不可圬也;于予与何诛?"其谓精神不济者为朽木及粪土之墙。人格之精神,有四焉:仁者爱人爱物之人文精神、刚健自强之进取精神、厚德兼容之宽恕精神、尚中合一之和谐精神。所谓仁者爱人爱物之人文精神,如《论语·里仁》言:"惟仁者能好人,能恶人。"《论语·雍也》:"己欲立而立人,己欲达而达人。"《论语·颜渊》:"己所不欲,勿施于人。"《孟子·梁惠王上》:"老吾老以及人之老,幼吾幼以及人之幼。"所谓刚健自强之进取精神,如《周易·乾卦》云:"天行健,君子以自强不息。"《周易·大畜卦》:"刚健笃实,辉光日新其德。刚上而尚贤,能止健,大正也。"《论语·子罕》云:

"三军可夺帅也，匹夫不可夺志也。"《论语·泰伯》：
"士不可以不弘毅，任重而道远。仁以为己任，不亦重乎？死而后已，不亦远乎？"《孟子·滕文公下》云：
"富贵不能淫，贫贱不能移，威武不能屈。"所谓厚德宽容之宽恕精神，《周易·象传》云："地势坤，君子以厚德载物。"《书·周书·君陈》云："有容，德乃大。"所谓尚中合一之和谐精神，《周易·乾卦·文言》云："夫大人者，与天地合其德，与日月合其明，与四时合其序，与鬼神合其吉凶。先天而天弗违，后天而奉天时。天且弗违，而况于人乎？"

有精神则道义生，道义生则雅气存。《孟子·公孙丑上》云："其为气也，至大至刚，以直养而无害，则塞于天地之间。其为气也，配义与道；无是，馁也。是集义所生者，非义袭而取之也。"存养精神及雅气以养心养性为根。《孟子·尽心上》云："居移气，养移体。"宋人张载曰："况居天下之广居乎！居仁由义，自然心和而体正。更要约时，但拂去旧日所为，使动作皆中礼，其气质自然好。"养雅气是集君子之精神所生。君子之精神即为上述四焉，集之则持续，雅气则不息，雅盈其身，受人倾慕焉。

有精神则道义生，
道义生则雅气存。

尽善为雅。

尽善为雅。所谓善，有二。一谓自然本能也。《周易·系辞上》云："一阴一阳之谓道，继之者善也，成之者性也。"其意善随天道也。汉董仲舒《竹林》云："今善善恶恶，好荣憎恶，非人能自生，此天施之在人者也。"其言同《周易》也。宋人张载曰："德主天下之善，善原天下之一。"此谓"德""一"皆为天道之意也。明人王阳明曰："于事事物物上求至善，却是义外也""至善为心之本体"。清人戴震曰"所谓善，无他焉，天地之化"，皆是同义也。之谓阴阳二气生万物成天道，万物以善为心质行天道也。二谓社会属性也。孟子主张性本善："所以谓人皆有不忍人之心者，今人乍见孺子将入于井，皆有怵惕恻隐之心。非所以内交于孺子之父母也，非所以要誉于乡党朋友也，非恶其声而然也。"今之学者有论孟子之主张或为"性向善"，亦有其理。荀子则反之，其曰："人之性恶，其善者伪也。今人之性，生而有好利焉，顺是，故争夺生而辞让亡焉；生而有疾恶焉，顺是，故残贼生而忠信亡焉；生而有耳目之欲，有好声色焉，顺是，故淫乱生而礼义文理亡焉。"伪，为也。其言所谓善之行为，譬如辞让、礼义等皆不为先天而生，而是后天成之也。襁褓婴儿，其可成为舜，亦可称为盗跖，二者之迥异，后天教化之使然。后天教化之功，孟子亦同焉，《孟子·尽心上》言："鸡鸣而起，孳孳为善者，舜之徒也。鸡鸣而起，孳孳为利者，跖之徒也。欲知舜与跖之分，无他，利与善之间也。"孔子赞《韶》之雅，其尽善尽美也。《孔子集语》之《子观第五》云："《箫韶》者舜之遗音也，温润以和，似南风之至。"《吕氏春秋·古乐篇》言《韶》明帝德。帝德，舜之禅让德行也。故《韶》之雅在于温润以和、禅让，赞文明礼仪焉。乐曲尚如此，况人乎？人之雅亦在至善也。

至雅者至仁。

至雅者至仁。仁，为人之学。《孟子·尽心下》云："仁也者，人也；合而言之，道也。"孔子言仁为道德之统领，譬如其言曰刚毅木讷近乎仁，能行恭宽信敏亦为仁。孟子之言仁，使人别于动植也。动物有爱，譬如母子相亲，同类相近，则无仁德焉。仁德在人之身有二：一曰慎独，二曰与人以仁。慎独者，自身修仁；与人以仁，社交之道德规则也。仁与人合谓之道，人之有道也，饱食暖衣逸居而无教，则近乎禽兽。《论语·八佾》曰："人而不仁，如礼何？人而不仁，如乐何？"无仁心，礼乐则失其义也。仁者兼具自爱爱他也。樊迟问仁。孔子曰："爱人。"于人于物，其有方式之差等。《孟子·滕文公上》云："圣人有忧之，使契（殷代的祖先）为司徒，教以人伦：父子有亲、君臣有义、夫妇有别、长幼有序、朋友有信。"此亦为人之大伦也。《孟子·尽心上》云:"君子之于物也,爱之而弗仁;于民也,仁之而弗亲。亲亲而仁民,仁民而爱物。"其言对物爱惜而不以仁,对人仁爱并重也。自爱者自重,《孟子·离娄上》云:"自暴者,不可与有言也;自弃者,不可与有为也。"《孟子·尽心上》:"莫非命也,顺受其正。是故知命者,不立乎岩墙之下。尽其道而死者,正命也;桎梏死者,非正命也。"何谓自暴?言非礼义也;何为自弃?身不能居仁由义也;何谓岩墙?危险之境也。《孔子家语》之《儒行解》云:"道涂不争险易之利,冬夏不争阴阳之和。爱其死以有待也,养其身以有为也。"《论语·雍也》云:"己欲立而立人,已欲达而达人。"此为仁之利他者也。仁为圣贤之气质也。舜娶尧女而不告,孟子谓此为天下之至仁也。所谓至仁,即赞尧为天下人得舜而利天下之德行焉。仁心亦可修之,《孟子·尽心上》云:"求则得之,舍则失之。"求仁得仁也。至仁为圣贤,圣贤之雅,雅之大矣。

君子因义而雅。

君子因义而雅。《中庸》云："义者，宜也。"《周易·乾卦·文言》云："利者，义之和也。""知至至之，可与言几也；知终终之，可与存义也。"行而宜之之谓义。《论语·里仁》云："君子之于天下也，无适也，无莫也，义与之比。"《孟子·尽心下》："人皆有所不为，达之于其所为，义也。"《孟子·告子上》："仁，人心也；义，人路也。"《孟子·离娄上》："仁，人之安宅也；义，人之正路也。"合礼才亦之为义。合礼者，则言行举止得其宜，致雅也。义之宜可为道德之基也。《论语·阳货》云："君子义以为上，君子有勇无义为乱，小人勇而无义为盗。"此义勇之关系也。义为价值导向也，主导于君子凡事种种，譬如君臣有义、集义养气、舍生取义等诸况种种，义可谓君子德行之基也。义之雅有二：一焉去私为公，一焉重义轻利。去私为公，为君子小人之分也，《论语·里仁》云："君子喻于义，小人喻于利。"君子之义有四焉：一曰是非之断有正义，无正义则无君子；二曰与人交有情义焉，患之以援助，难之以纾困，此为情义也；三曰侠义也，为正是而斥非，为君子而不惧小人，为公事而遏制于私情，进谏不畏己危，援手不计私利，此为侠义也；四曰利益面前有道义，君子爱财取之于道，秉持"财散人聚、财聚人散"之理也，谋道不谋食，见得思义，见利思义。《论语·里仁》云："富与贵，是人之所欲也，不以其道得之，不处也；贫与贱，是人之所恶也，不以其道得之，不去也。"《论语·述而》："不义而富且贵，于我如浮云。"君子行四，义之雅也。

不惑则有雅。

不惑则有雅。所谓不惑者，知者不惑。所谓知者，德性之知、见闻之知也。圣贤皆仁智兼有，《孟子·公孙丑上》云："学不厌，智也；教不倦，仁也。仁且智，夫子既圣矣。"《孟子·尽心上》云："尽其心者，知其性也；知其性，则知天矣。"宋人张载《张子正蒙注》云："德性所知，不萌于见闻。"萌者，所生之识者也。见闻可以证于知已知之后，而知不因见闻可发。德性诚有而自喻，如暗中自指五官，不待镜而悉。德性之知亦因善也，《论语·里仁》云："择不处仁，焉得知？"《论语·里仁》："不仁者不可以久处约，不可以长处乐。仁者安仁，知者利仁。"《论语·卫灵公》："知及之，仁不能守之，虽得之，必失之"。德性之知亦为本心也。《孟子·尽心上》云："孩提之童，无不知爱其亲者；及其长也，无不知敬其兄也。亲亲仁也，敬长义也，无他，达之天下也。"知善而行善者，本心也，如救孩童于深水之井，非其父母之旧好，非获誉于乡邻，非不能忍于其呜咽之声，疾而行之，是为德性之善也。见闻之知乃物交而知，天下有其事而见闻乃可及之，故有尧舜，有象与瞽叟，有文王、武王、夏桀、商纣，有三代之民，传闻而后知。见闻之知亦外入内也，知识如肴馔，由口入心。德性之知有体悟也，循理而及其源，廓然天地万物肇始之理，穷物而致理，触类而旁通，思一而得十，遵循于天道地道人道及鬼神之道，自喻而明也。见闻所得者，知其器，知其数，知其名也，而德性之知者，吾心制之以义，而言行昭著也。心即天理也。寡陋者，不勤学也。德性之知赞于愚，刚毅木讷近乎仁，巧言令色鲜矣仁，其形如愚，实为仁之至也。古义中知同智，德性之知，因循自然之理而有仁，此为君子之基也。见闻之知，因广博自然之理而有慧，此为君子之学识也，兼修二者也，虽不敢比孔圣，亦是人中楷模也。行止从容，自是雅也。

有信则获雅誉。

有信则获雅誉。信者，言行一致。《论语·卫灵公》云："言忠信，行笃敬，虽蛮貊之邦，行矣。"中心无隐谓之忠，人言无欺谓之信。人言无欺，言行一致之意也。人无信则不立，《论语·公冶长》云："老者安之，朋友信之，少者怀之。"《论语·学而》载曾子曰："吾日三省吾身，为人谋而不忠乎？与朋友交而不信乎？传不习乎？"《论语·为政》载："人而无信，不知其可也。大车无輗，小车无軏，其何以行之哉？"輗軏，皆为车之关键也，失之则横木不稳，横木不稳则车易溃，其重于车，如信之于人也。言行合一如是乎？《论语·为政》载子贡问君子。子曰："先行其言，而后从之。"信者须合义。无义之挈领，其言必信、行必果，硁硁然若小人哉；合义则不拘泥，君子可言不必信、行不必果，唯义所

063

在。孔子夹谷会盟之斥责，孟尝君夜过城门，刘邦如厕则逃，皆义在先也。因合义而后世誉之。信义之内涵，一言以概之，"信近于义，言可复也"。凡夫俗子之庸常之事，其言合义，则可践行而有信，其言背义，则无所谓信也。《孟子·尽心下》云："尧舜，性者也；汤武，反之也；动容周旋中礼者，盛德之至也；哭死而哀，非为生者也；经德不回，非为干禄也；言语必信，非为正行也，君子行法，以俟命而已矣。"言由心生也，所言者皆信实之言，而无所虚妄，岂以正行之故哉！所谓信实，《孟子·尽心下》云："可欲之谓善，有诸己之谓信。"，明人张居正则注解称："人性本善而无恶，遇见善人善事，自然有欣喜欢爱之心，此人情之所同也。若其人立身行己，合乎天理人心，但见其可欲，不见其可恶，则其有善无恶可知矣，此所以谓之善也。至于好善恶恶，着不得丝毫虚假。若其人躬行实践，能自歉而不自欺，善皆实有于我而无矫饰，则其实心实行可知矣，此所以谓之信也。"此谓表里如一也。诸己之实，品德为信，与人交有信，人际则获赞誉而无毁。诸己之实在，则无旁骛，无外部之干扰，信雅之质也。

雅者皆有大丈夫气概焉。所谓大丈夫气概，即身有浩然之气，外邪不侵，勇者不惧。勇为三达德一焉，与知仁并重。万物有勇德者多，获赞者水与玉二者也。孔子每遇大水必观焉，感叹逝者如斯，赞水之德行，其中"流行赴百仞之溪而不惧，此似勇"，赞大水之勇也。《荀子·法行》引述孔子对玉之赞焉，夫玉"折而不挠，勇也"。勇有三类：勇德、勇气、勇力。孔子先父子叔梁纥力举城门，是为勇力也，时人赞誉其有力如虎者也。《孔子家语》载孔子匡地之难。匡人执甲之士围之，子路怒而奋起，孔子止之，命其弃戈抚琴，孔子和之，曲三终，匡人解甲而罢。被围困，以为孔子为鲁国阳虎也。其神色之淡然，弦歌之不惊，和乐之从容，非阳虎之流也，知其君子也，故解甲而走。其临危而不惧，礼乐以化人，此可谓勇气也。《孟子·公孙丑上》云："北宫黝之养勇也，不肤桡，不目逃，思以一毫挫于人，若挞之于市朝。不受于褐宽博，亦不受于万乘之君。视刺万乘之君，若刺褐夫。无严诸侯。恶声至，必反之，孟施舍之所养勇也。"二人皆勇气可嘉也。《孟子·公孙丑上》载孟子引孟施舍之语曰："视不胜犹胜也。量敌而后进，虑胜而后会，是畏三军者也。舍岂能为必胜哉？能无惧而已矣。"《孟子·公孙丑上》载孟子赞勇需有义："吾尝闻大勇于夫子矣。自反而不缩，虽褐宽博，吾不惴焉；自反而缩，虽千万人，吾往矣。"勇以义先，此之谓勇德也。勇力为下，勇气次之，勇德为上。《论语·阳货》云："君子义以为上。君子有勇而无义为乱，小人有勇而无义为盗。"《论语·泰伯》："勇而无礼则乱。"勇有境界之分，孟子言其大小之别也。《孟子·梁惠王下》云："夫抚剑疾视曰：'彼恶敢当我哉！'此匹夫之勇，敌一人者也。""诗云：'王赫斯怒，爰整其旅，以遏徂莒，以笃周祜，以对于天下。'此文王之勇也。文王一怒而安天下之民。""书曰：'天降下民，作之君，作之师。惟曰其助上帝，宠之四方。有罪无罪，惟我在，天下曷敢有越厥志？'一人衡行于天下，武王耻之。此武王之勇也。而武王亦一怒而安天下之民。"一人之勇为小勇也，文王武王之勇为大勇也，小大之分，究于利民与否哉。《论语·子罕》云："三军可夺帅也，匹夫不可夺志也。"此为大丈夫气概，人无勇力则弱，无勇气则懦，无勇德则蛮，无小大之分则庸，故君子养勇即为养德也，古之雅士，文武兼备，即源于此也。

耻为立人之节也。

耻为立人之节也。君子行己有耻。羞恶之心，义之端也。羞恶之心，即知耻也。治民者之耻辱取自仁德与否焉。《论语·为政》云："道之以政，齐之以刑，民免而无耻；道之以德，齐之以礼，有耻且格。"凡夫者当知君子有五耻。一曰耻其言之过其行。《论语·里仁》云："古者言之不出，耻躬之不逮也。""君子耻其言之过其行。"贤人不语，惧其践行不得也。二曰以名不副实为耻。《孟子·离娄下》云："原泉混混，不舍昼夜，盈科而后进，放乎四海。有本者如是，是之取尔。苟为无本，七八月之闲雨集，沟浍皆盈，其涸也，可立而待也。故声闻过情，君子耻之。"声闻过情，即名不副实也，君子持本当如原泉。三曰以不诚为耻。《论语·公冶长》云："巧言令色足恭，左丘明耻之，丘亦耻之。匿怨而友其人，左丘明耻之，丘亦耻之。"所谓巧言、令色、足恭、匿怨而友，皆虚伪也，不诚之耻也。四曰以独富为耻。《孔子家语·弟子行》载孔子言曰："独贵独富，君子耻之，夫也中之矣。"《论语·宪问》云："邦有道，谷；邦无道，谷，耻也。"《论语·泰伯》："邦有道，贫且贱焉，耻也；邦无道，富且贵焉，耻也。"邦有道不能有为，邦无道不能独善，一人独富贵，究不为君子之行也，以为耻。五曰以不志学为耻。《孔子家语·三恕》云："子曰：吾有所耻，有所鄙，有所殆。夫幼而不能强学，老而无以教，吾耻之；去其乡，事君而达，卒遇故人，曾无旧言，吾鄙之；与小人处而不能亲贤，吾殆之。"《孔子家语·好生》云："子曰：君子有三患。未之闻，患不得闻；既得闻之，患弗得学；既得学之，患弗能行。"三患之忧在于志学。其弟子子贡曾求问于孔文子何以谥号为文，对曰其敏而好学，不耻下问，是以谓之文也。此语亦为君子志学之途径也。人不可以无耻，无耻之耻，无耻也。为机变之巧者，无所用耻焉，不耻不若人，何若人有？行己有耻，使于四方，不辱君命，可谓士也。懂耻是为士君子之基也。知耻近乎勇。物知耻则足以振之，国知耻则足以兴之。立乎人之本朝，而道不行，耻也，此亦处世之纲本也。恭近于礼则远耻辱。君子有耻节，则进退得宜，远耻辱而反雅也。

君子有谦和之雅也。

君子有谦和之雅也。天道崇谦，故亏盈而益谦；地道贵谦，故变盈而流谦；鬼神喜谦，故害盈而福谦；人道尊谦，故恶盈而好谦。亏盈而益谦者，物壮盛则衰槁，稚弱则增长也。变盈而流谦者，水遇满则下流，山高则溪深也。害盈而福谦者，骄妄易祸害生，谦和则逢源也。恶盈而好谦者，人性之喜好也，狂大则失人，谦和则礼人也。天地人神，情理之同一也。《论语·述而》云："饭疏食饮水，曲肱而枕之，乐亦在其中矣，不义而富且贵，于我如浮云。"《周易·序卦》云："有大有者不可以盈，故受之以谦。"所谓大有者，追随者众多也。《周易·杂卦》云："杂卦说谦轻而豫怠也。"所谓轻，言自处轻微也，不以己为重。以己为轻者，不为物惑，不为名利所陷害，如《论语》云："饭疏食饮水，曲肱而枕之，乐亦在其中矣，不义富且贵，于我如浮云。"《周易·谦卦·象》云："地中有山，谦，君子以裒多益寡，称物平施。"地中有山也。山者，地之高也。裒，减损也。益，补益也。减损多者而补益少者，均物以平心，君子之为也。《周易·谦卦·彖》云："谦尊而光，卑而不可逾，君子之终也。"《周易·谦卦》初六《象》云："谦谦君子，卑以自牧也。"卑以自牧，是为牧己以谦卑之径也。孟子云学问无他求其放心而已矣，与此同理也。牧己如牧牛羊，牧牛羊者以草壮之养肥，牧己以谦卑之养心，君子养己之道也。山阜之高危，其根在地，不敢弃地也，虽高地而终在地中，此为卑不可逾也。养己以谦德，而顺天下之情，志正而量宏，此谓谦尊而光焉。谦德可以守已，所谓已者，意为所拥之名利地位也，谓之物也。《孔子家语·三恕》载子路问孔子持满之道，子曰："聪明睿智，守之以愚；功被天下，守之以让；勇力振世，守之以怯；富有四海，守之以谦。此所谓损之又损之之道也。"朱熹谓之曰："奢侈则不顺。"此谓谦之守已也。《周易·谦卦》九三爻辞曰:"劳谦君子有终吉。"劳者,功劳之意也。功高而不居,如《周易·坤卦》言无成有终也。《周易·系辞上》载:"劳而不伐,有功而不德,厚之至也,语以其功下人者也,德言盛,礼言恭,谦也者,致恭以存其位者也。"谦德盈身者,地位无所失者,已有无所失者,终吉也。以谦养体,以谦处世,谦始谦终,故君子者始终有谦和之气也。

雅者不失于宽恕也。

雅者不失于宽恕也。孔子之学问，忠恕而已。忠者，立己以立人焉，所谓"己欲立而立人，己欲达而达人"。《论语·卫灵公》载子贡问孔子："有一言而可以终身行之者乎？子曰：其恕乎，己所不欲勿施于人。"恕，仁也。仁，人心也。恕是人心，真心善心也。终身秉恕德，推己及物，其施不穷，故可以终身行之。学贵在于知要，子贡之问，可谓知要矣，孔子告之求仁之方也，推而极之，虽圣人之无我，不出乎此，终身行之，不亦宜乎？终身秉恕德即为圣人也。《孔子家语·三恕》云："有君不能事，有臣而求其使，非恕也；有亲不能孝，有子而求其报，非恕也；有兄不能敬，有弟而求其顺，非恕也。士能明于三恕之本，则可谓端身矣。"第一种者，其意之延为"己之不义之举却责他人不义之举，非恕也";第二种者，其意之延为"己之不仁亲却责人之不仁亲，非恕也";第三种者，其意之延为"己之违逆秩序却责人之违逆秩序，非恕也"。此三种中，"己所不欲勿施于人"为其根本也。《孟子·尽心上》云："强恕而行，求仁莫近焉。"所谓强恕，不懈体己及人也。朱熹称："万物之理在吾身，体之而实，则道在我而乐有余；行之以恕，则私不容而仁可得。"《孔子家语·致思》云："爱而恕，可以容困。""思仁恕则树德，加严暴则树怨。"《孔子家语·颜回》载仲孙何忌（孟懿子）问于颜回："仁者一言而必有益于仁智，可得闻乎？"颜回对曰："一言而有益于智，莫如预；一言而有益于仁，莫如恕，夫知其所不可由，斯知所由矣。"恕于养仁之重，可观焉。宽与恕相并。《论语·泰伯》载曾子云："以能问于不能，以多问于寡；有若无，实若虚，犯而不校，昔者吾友尝从事于斯矣。"被犯而不校，宽以待人，此宽之德也。《论语·八佾》载子曰："居上不宽，为礼不敬，临丧不哀，吾何以观之哉？"人非草木，孰能无过，宽能容众。宽恕之德，容众之心性也。君子雅之于宽恕也。

情绪平者之谓温文尔雅。

情绪平者之谓温文尔雅。人之情绪者，如人之躯体也，随生而长，随境而变，分为七者，喜怒哀惧爱恶欲也，弗学而能。"福至不喜，祸至不患"谓儒家喜患之准则也。所谓福至，即为幸运之事，尽人事知天命者，喜事可预而不可测，其临也合义，其未至也无促，所谓坐等天命也。天命至而不喜，意味君子不为人爵而喜，人爵者名利也。君子所喜者为天爵，所谓修身养心，所谓见贤思齐，所谓闻一知而明焉。祸至如孔子遇匡蒲之难。孔子自言："恶有修仁义而不免俗者乎？夫《诗》《书》之不讲，礼乐之不习，是丘之过也；若以述先王好古法而为咎者，则非丘之罪也。"不患者则不惧，焦虑不如弦歌。子路抚琴而歌，孔子和之，此谓不患之象也。君子有哀痛，皆有因焉。少而不学老而无教者，哀其不学也；临丧而哀，哀人之哀也；君主不明，国事不兴，礼崩乐坏，哀时俗下也。君子不哀于己之私利之损益。情绪之中和者，调情绪以节制也。节怒者则怒之不迁也，怒于甲者，不移于乙，过于前者，不复于后。节傲气者所谓《论语·子路》"君子泰而不交骄，小人骄而不泰"也，所谓《论语·泰伯》"如有周公之才之美，使骄且吝，其余不足观也已"。满招损，谦受益，贫能无谄，富而无骄，以谦自守，此谓远离骄妄也。节忧愁者所谓"君子忧道不忧贫"（《论语·卫灵公》），孔子曾言："德之不修，学之不讲，闻义不能徙，不善不能改，是吾忧也。"（《论语·述而篇》）节欲望者重在节"食、色、名、利、权"五者也。节食以养俭德。色在少年，所谓"少之时，血气未定，戒之在色"（《论语·季氏》）也。节权者以行与不行为是否立朝野，行之则立，不行则走，不行焉立于朝为君子之耻也。取利必合义，处利必循义，处富贵不得其道，不能处也；弃贫贱不以其道，不能弃也；以利以行，多怨也。故节利以无失也。所谓名者，知者为知己，不知亦不愠，遁世无闷，不见是亦无闷，不以昏昏之身获昭昭之名，此谓节名也。《大学》云："所谓修身在正其心者：身有所忿懥，则不得其正；有所恐惧，则不得其正；有所好乐，则不得其正；有所忧患，则不得其正。心不在焉，视而不见，听而不闻，食而不知其味。此谓修身在正其心。"情绪之平和，即正心之外化也。情绪之中和，即为正心之果也。情绪之中和，则和颜悦色，近悦远来，方得温文尔雅之貌也。

天赋而平静者为天性之雅也。舜饭糗茹草，若将终身，此不怨于物质之贫弊也；或渔或陶，勤于经世，安贫不怨，其性情为天之赋也。及为天子，二女侍之，天下归之，若已有之，此不喜于物质之大有也。坐北面南，无为而治，处贵不傲，其性情亦为天之赋也。瞽叟与象，一谋杀舜于仓廪之上，二谋杀舜于深井之下，虽计不得逞，但其之心世人皆知焉。如若皋陶治瞽叟，其愿弃天下之尊位，窃父夜逃，其不铭记于昔怒，而孝心盈然，此为天之赋也。封象以食邑，近人疑之，以"吾弟"以对，不念其恨，而施广恩，此亦为天赋也。《论语·季氏》云："子曰：生而知之者，上也；学而知之者，次也；困而学之，又其次也；困而不学，民斯为下矣。"生而知之，此为人之天性也。所谓生而知

天赋而平静者为天性之雅也。

之者，不学而能或不学有所感。不学而能者，孟子言仁义之类，荀子言好争好利之类也。《论语·述而》载孔子曰："我非生而知之者；好古，敏以求之者也。"其十五志学，践古之礼，为学而知之也。《中庸》云："或生而知之，或学而知之，或困而知之，及其知之一也。"此谓知识殊途同归也。天赋之雅者，如舜也，正心则不怨于物质、不喜于物质，富贵贫贱于我皆平静，此之谓天赋之正者也。天赋之正者，雅之近人也。

心有所笃者，有雅正之气也。所笃即有
所守也，亦有所敬畏也。《论语·季氏》
云："子曰：君子有三畏：畏天命，畏
大人，畏圣人之言。"此三畏，即为畏
道、畏德、畏理也。所谓道者，天道地
道也，自然万物之理也，之谓天命。《乾
卦》云天行健，《坤卦》云地势坤，天地
之本性也，天地之间显诸仁藏诸用，万
物和谐之象也。天命以善为长，故敬善
道也。君子存心养性，唯恐不能全尽天
道，辜负付畀之重也，故一言一动，亦
有所谨慎，犹如天地为鉴，此之谓畏道
也。所谓畏德，大人是也，大人者，德
位相配者也，其德明并日月，其行化育
天下，君子尊其尊位，仰其德行，不敢
有丝毫怠慢，有一念之差，恐惧不能学
习其德，此之谓畏德也。所谓畏理，畏
圣人之言也。圣人之言载在简册，皆为

心有所笃者，有雅正之气也。

修身齐家治国平天下之理，君子佩服其训，学习践行以向慕，私淑于其言，倘若一日不学，恐惧于自己终生不能达理也，此之谓畏理也。《论语·季氏》云："小人不知天命而不畏也，狎大人，侮圣人之言。"小人不知天道为何物，恣意放纵，无所不为，不畏天道，亦不知德行之尊，于圣人之言亦不知效，忌惮放肆如此，故得罪于天道、圣贤，违逆于理也，终陷险恶而无所济也。君子小人之别，在于敬肆之间而已。雅与俗恶之迥异，亦在敬肆之间矣。君子三畏亦为三敬，敬天敬理敬德才之人，古者之行焉。今人假之于宗教之名而形式有别，但其真善美之实质，与人以仁促人向善之德行，亦无别也。有所敬畏则灵魂有所安。安者则言行举止不乱，易得宜也。

游于艺而滋，

圣而雅质，

故遵目育雅。

人生之志求，

修天爵而尊，

道雅有径。

物神雅形，人圣雅质，皆有所中焉。圣人焕发自然，庶众庸常慕之，存心修志以雅气，宗雅也。宗雅有道，天德不违，地德有顺，真、善、美其三足也，致力天爵，仁义在身，秉诚而存养，尽善尽美而至雅，道雅也。

道雅有径。《论语·述而》载孔子曰："志于道，据于德，依于仁，游于艺。"《周礼·保氏》："养国子以道，乃教之六艺：一曰五礼，二曰六乐，三曰五射，四曰五御，五曰六书，六曰九数。"此谓"通五经贯六艺"。《礼记·学记》云："不兴其艺，不能乐学。故君子之于学也，藏焉，修焉，息焉，游焉。夫然，故安其学而亲其师，乐其及而信其道，是以虽离师辅而不反也。"虽时新有变，艺有所化生，以艺融生于日常，润身入道之法门不易，成君子之雅，艺之化育之功盛大。

君子之雅擎造于天地，万物为之所用，乐、画、书、棋、曲、茶、花、医、瓷、香、园林等皆能存养，雅于身兮，滋于心兮，已然得雅，天下普之，天下雅和。是故入道雅之径，顺万物之雅性，抒万物之雅情，融万物于一，化万物于雅者，雅育之功大矣哉。

中医

医本雅身。医字古体，医殳酉也。此医为篋，盛兵器之用也。殳者，材质或竹或木，有棱无刃。酉者，非酒而从酒类。医殳为殴，撞击之声，刀入肉身，外伤之意也。摒外伤以返本，此为醫字创字之本义也。周礼有酒正职，辨四饮之物，或清或浆或醫或酏，此醫液之体，药汤是也。故酉同殴出共作醫意，醫者需药用之功也。又云殴为恶姿，意为违背常态，是为病者之象也，是为邪气生也，却邪以养正，此谓醫者之性情也。或谓古者巫同醫，皆所以除疾，故醫字亦或从巫作毉。异字同功。今以医字一概之。

周礼有医师、食医、疾医、疡医之职。医师掌医之政令，聚毒药以共医事，凡邦之有疾病者，有疕疡者造焉，则使医分而治之。"食医掌和王之六食、六饮、六膳、百羞、百酱、八珍之齐。"

《周礼·天宫》提出："凡食齐眠春时，羹齐眠夏时，酱齐眠秋时，饮齐眠冬时。凡和，春多酸，夏多苦，秋多辛，冬多咸，调以滑甘。凡会膳食之宜，牛宜稌，羊宜黍，豕宜稷，犬宜粱，雁宜麦，鱼宜苽，凡君子之食恒放焉。"疾医掌养万民之疾病。疡医掌肿疡、溃疡、金疡、折疡之祝药、刮、杀之齐。医者之大用，辨百物以为药用，辨四时以为时用，辨辨证以为平衡，辨邪气以为防范，辨病症以为导引，以祛邪伤以葆正身。中医养正，医终归雅也。

中医之养首为口食。万物悉备，莫贵于人。天地合气，命之曰人。人以天地之气生，四时之法成。人与天地相参也，与日月相应也，与天地如一。人存乎天地，得气而呼吸，得食而有呼吸之力。采百物之长而得精气血，受百物之灵而益津液神。故君子谋食如谋道。谋食者如颐卦之形。颐之为卦，卦画之象而立名。上下二阳，上颚下颌之象也。四阴居中，齿象也。阴为虚空，又为空口待食之象也。颐之为体，下颌动以啮，上龂动而断之，故震动于下而艮止于上。谋道者如颐卦之德。自其小者而言之，烹割调和皆有则，不以取一时之便而伤生，即不使不醇不适之物暴其气，而使沉溺粗悍以乱其性，则虽小而实大。《孔子家语·五仪》："夫寝处不时，饮食不节，逸劳过度者，疾共杀之。"因小失大之警戒也。《论语·乡党》载孔子云："食不厌精，脍不厌细。食饐而餲，鱼馁而肉败，不食。色恶，不食。臭恶，不食。失饪，不食。不时，不食。割不正，不食。不得其酱，不食。肉虽多，不使胜食气。惟酒无量，不及乱。"此为孔子饮食之节。门人记曰："吾夫子日用饮食，虽未尝必求精美，然于饭则不厌其精，于脍则不厌其细。"盖食精脍细皆足以养人，故不嫌于过也。不食者种种，皆因食之而伤生，故谨之。《周易·颐卦》曰："贞吉，观颐，自求口食。"守持正固即是吉祥，观察颐养之态度，以有正道自养之智。天生百物以五味以养人，非有不正者也，亦有不正用者也，如酒池肉林之过。人有唇舌齿颊以受养，岂有不正者哉？益有不正道者也，如不节过度之贪。口食以为养而非伤，故取食以正，受用中和，终得养体雅身也。

雅养不弃四时之功。《周礼·天官》载："疾医掌养万民之疾病，四时皆有疠疾：春时有痟首疾，夏时有痒疥疾，秋时有疟寒疾，冬时有嗽上气疾。"《素问·四气调神大论》云："春三月，此谓发陈，天地俱生，万物以荣，夜卧早起，广步于庭，被发缓形，以使志生，生而勿杀，予而勿夺，赏而勿罚，此春气之应，养生之道也。""夏三月，此谓蕃秀，天地气交，万物华实，夜卧早起，无厌于日，使志无怒，使华英成秀，使气得泄，若所爱在外，此夏气之应，养长之道也。""秋三月，此谓容平，天气以急，地气以明，早卧早起，与鸡俱兴，使志安宁，以缓秋刑，收敛神气，使秋气平，无外其志，使肺气清，此秋气之应，养收之道也。""冬三月，此谓闭藏，水冰地坼，无扰乎阳，早卧晚起，必待日光，使志若伏若匿，若有私意，若已有得，去寒就温，无泄皮肤，使气亟夺。此冬气之应，养藏之道也。"《灵枢·顺气一日分为四时》云："以一日分为四时，朝则为春，日中为夏，日入为秋，夜半为冬。朝则人气始生，病气衰，故旦慧；日中人气长，长则胜邪，故安；夕则人气始衰，邪气始生，故加；夜半人气入脏，邪气独居于身，故甚也。"《素问·生气通天论》："故阳气者，一日而主外。平旦人气生，日中而阳气隆，日西而阳气已虚，气门乃闭。是故暮而收拒，无扰筋骨，无见雾露。反此三时，形乃困薄。"气分阴阳，以成天地。天地阴阳二气交感，万物化生。人体应四时而变，譬之春之勃发冬之收藏。承旦出昧伏之化，譬之晨清而昏浑。顺四时之养，顺二气之德也。从一日之盛衰，从二气之性也。应时而得时养，应气而得气之功，时气以养雅身焉。

雅养当守节德。淫生六疾。淫，过也。滋味声色所以养人，然过则生害。物亦如之，至烦乃舍，言用之有节也。百物本诸自然，与人类情，故能养人，用之大过，则生六疾。所谓六疾者，阴淫寒疾，寒过则为冷；阳淫热疾，热过则喘渴；风淫末疾，末，四支也，风为缓急；雨淫腹疾，雨湿之气为洩注；晦淫惑疾，晦，夜也，为宴寝过节，则心惑乱；明淫心疾，明，昼也，思虑烦多，心劳生疾。《周易·节卦·彖》曰："当位以节，中正以通，天地节而四时成。"节之德行如在君子囊橐，如影随形。《论语·学而》云："知和而和，不以礼节之，亦不可行也。"其言或谓谋之于礼节一隅，化而普世皆可循行。《礼记·曲礼上》："礼不踰节，不侵侮，不好狎。"周易设节，其义大矣哉。人与物焉，可拥而不可贪，可用而不可淫，可功而不可害，此谓持节中正合宜之要旨也。君子所以节于己者，为其爱于物也，故《周易·节卦·彖》曰节以制度不伤财不害民者是也。节之则物我两悦，如节之九五，九者阳也，五者上卦中也，九五若乾卦飞龙在天，大君之位焉，大君懂节，以刚健中正之主，议道己身而审视物之盈亏，谋物如谋德，以制为中道，合乎理顺乎情，物之所甘己之所悦也，故为甘节，垂范于外而尊信也。节之为道，贤者之风，庶民之教也。物以养人，淫过为害，故君子以德持物而行俭固之志，用弃正均得以雅养而雅身也。

雅养静心，仁爱养人。唐人孙思邈云："凡大医治病，当安神定志，无欲无求，先发大慈恻隐之心，誓愿普救含灵之苦。"孔子云祸至不患福至不喜，不喜谓乐不过度，故委任于司寇降大任于己身亦微有喜悦之色而无舞之蹈之不可已；不患谓忧不过其，故蒲筐之难陈蔡之厄而能弦歌不绝。医者诊病谓内伤七情外感六淫。所谓七情者，喜怒忧思悲恐惊也；所谓六淫，寒暑燥热湿风也。故君子雅养以静心。静心者，以我为万事之端，以心为万情之源，观以审视，得以正心之境界。正心有碍，《大学》云："身有所忿懥，则不得其正；有所恐惧，则不得其正；有所好乐，则不得其正；有所忧患，则不得其正。心不在焉，视而不见，听而不闻，食而不知其味。此谓修身在正其心。"《中庸》云："道也者，不可须臾离也，可离，非道也。是故君子戒慎乎其所不睹，恐惧乎其所不闻。莫见乎隐，莫显乎微，故君子慎其独也。"《中庸》："喜怒哀乐之未发，谓之中；发而皆中节，谓之和；中也者，天下之大本也；和也者，天下之达道也。致中和，天地位焉，万物育焉。"《素问·举痛论》云："百病生于气也，怒则气上，喜则气缓，悲则气消，恐则气下，寒则气收，炅则气泄，惊则气乱，劳则气耗，思则气结。"儒家云静而仁而寿，则云静心仁爱之雅养也。

身体有常，治者在己。所谓有常者，谓有常功也。《荀子·天论》言："形具而神生。好恶喜怒哀乐臧焉，夫是之谓天情。耳目鼻口形能，各有接而不相能也，夫是之谓天官。心居中虚以治五官，夫是之谓天君。"所谓治者在己，在于顺也。顺其类者谓之福，逆其类者谓之祸。强本而节用，则天不能贫；养备而动时，则天不能病；修道而不贰，则天不能祸。故水旱不能使之饥渴，寒暑不能使之疾，怪乱不能使之凶。所谓善雅养者，清其天君，正其天官，备其天养，顺其天政，养其天情，以全其天功，以成其康健魂魄之身。如是，则知其所为，知其所不为矣，则行曲治、养曲适，则生不伤，夫是之谓雅养也。天地阴阳，五行之道，中舍于人。人得者，可以出阴阳之数，夺天地之机，悦五行之要，如神仙不死。人之害己，生活方式逆焉。逆旦暮之道而阴阳失重，逆四时之性而五脏有害，逆百物之本而体躯受损，不得中庸而乐极生悲，做事狂狷而尽失平衡，故治身如治道也。阴阳相持，天道有常；脏腑相依，人道有本；天作万物，万物有道；天地化生，天人合一，故君子无有所好，尊养之道，此之谓也。

园林

圣人不舍灵沼。《诗经·大雅·灵台》云："经始灵台，经之营之，庶民攻之，不日成之。经始勿亟，庶民子来。王在灵囿，麀鹿攸伏，麀鹿濯濯。白鸟翯翯。王在灵沼，於牣鱼跃。"文王以民力为台为沼，而民欢乐之，谓其台曰灵台，谓其沼曰灵沼，乐其有麋鹿鱼鳖。灵台灵沼之乐在于与民偕乐，故其乐莫大也。此谓园林得圣人之乐。大人亦不舍造园之乐焉。司马相如所作《上林赋》得以传上林苑焉，其势恢宏，其景丰盈，是为大人之乐焉。雅士亦愿得上之所乐焉。《宋史·刘勔传》载时人之事："经始钟岭之南，以为栖息，聚石蓄水，仿佛丘中，朝士爱素者，多往游之。"《晋书·纪瞻传》载："厚自奉养，立宅于乌衣巷，馆宇崇丽，园池竹木，有足赏玩焉。"唐人白居易于庐山北麓香炉峰下造草堂并作《草堂记》云："匡庐奇秀，甲天下山……太原人白乐天见而爱之，若远行客过故乡，恋恋不能去，因面峰腋寺，作为草堂。"古今往来，雅士仰天地之浩渺，敬山岳之崇高，独精神之往来，造心中之蓬莱以寄高志，安顿身心，亘古未有移也。

造园之乐究于山水之情。北宋郭熙《林泉高致·山水训》云："君子之所以爱夫山水者，其旨安在丘园，养素所常处也；泉石，啸傲所常乐也；渔樵，隐逸所常适也；猿鹤，飞鸣所常观也。尘嚣缰锁，此人情所常厌也；烟霞仙圣，此人情所常愿而不得见也。"因庙堂之身，不能高蹈远行，不宜离世绝俗之行，无以致箕颍埒素黄绮同芳之境，然林泉之志烟霞之侣所念不绝，故作园林，以期足不出户而坐穷泉壑，猿声鸟啼在耳，山光水色晃漾夺目，得山水之意哉。

园林意水焉。知者爱水。孔子云知者乐水。所谓知者，明理之人。所谓乐，喜好之情也。往昔如观，知者喜好焉，在水。盖天下之理，不惑于物，通透如镜，其智如水之圆润活泼，无一丝凝滞，流焉若日月循往，动焉若万物生长，明焉若无，无所不达无所不容，故知者乐水也。《孔子家语·三恕》载：孔子观于东流之水，子贡问曰："君子所见大水必观焉，何也？"孔子对曰："以其不息，且徧与诸生而不为也。夫水有似乎德，其流也，则卑下倨拘必循其理，此似义；浩浩乎无屈尽之期，此似道；流行赴百仞之嵠而不惧，此似勇；至量必平之，此似法；盛而不求概，此似正；绰约微达，此似察；发源必东，此似志；以出以入，万物就此化洁，此似善化也。水之德有若此，是故君子见必观焉。"水之德行种种，故得圣人之心。造园必假于水，固取水德也。

园林因山大物。仁者爱山。所谓仁者，全德之人。圣人言天下之人，或谓知者或谓仁者，其名不同，究于性情有异焉，迥于知者，仁者喜好焉，在山。仁者于吾心之德养也纯粹，其端凝厚重，不可摇夺，如山之镇静，所以乐山也。故圣人言知者动仁者静。《周易》云艮为山，艮有止之意。《孟子·万章下》载孟子赞孔子曰："可以速而速，可以久而久，可以处而处，可以仕而仕,孔子也""圣之时者也"。其言圣人知止。《大学》云："知止而后有定，定而后能静，静而后能安，安而后能虑，虑而后能得。"若草木据根而勃发。又云："《诗》云：'邦畿千里，惟民所止。'《诗》云：'缗蛮黄鸟，止于丘隅。'子曰：'于止，知其所止，可以人而不如鸟乎?'《诗》云：'穆穆文王，于缉熙敬止!'为人君，止于仁；为人臣，止于敬；为人子，止于孝；为人父，止于慈；与国人交，止于信。"盖谓止之大义焉。君子仰山，观山之巍峨，如人志之求；观山之巉岩，如人之华丽；观山之危耸，如人之浮沉；观山之崎岖，如人之时艰；观山之重，如内心之托；

观山之厚，如心诚之德；观山之稳，如步履信然；观山之青苔，如闲情盈然；观山壑高低，如庙堂江湖之远；观山木之相彰，如遥望知己。故造园必得山，寓志于山也。

雅士爱山托于石。石为天地至精之气，负土而生，结而成状。山之形状者，其形有耸拔、堰塞、轩豁、箕踞之分，其势有磅礴、浑厚、雄豪之异，其精神有顾盼、朝揖、下瞰临观、下游指麾之别，其状貌有有盖、有乘、有据、有倚之常。石之形，除得一山之神外，又有块垒之特韵。凡弃掷于娲炼之余，遁逃于秦鞭之后者，其类不一。物象宛然，得于仿佛，虽一拳之多，千沟万壑而能蕴千岩之秀，万态奇峰，列于园林，如观嵩少，如面龟蒙，坐生清思。得石如得珍宝，咏者皆名仕。米芾赏石而忽职守，巡查稽核者见石而忘此行之义，是为佳谈。有好事者苏轼也，贬谪南区而过湖口，见壶口九华而爱不释手，困于钱财之乏，作诗记述心境而怅惜别离。八年未得以忘，回朝再经湖口，心情愈急而石已转爱他家，无奈和前韵而遗憾满纸。言山石之美者，俱在透漏瘦三字。此通于彼，彼通于此，若有道路可行，所谓透也；石上有眼，四面玲珑，所谓漏也；壁立当空，孤峙无依，所谓瘦也。世言君子者，皆是通透之人，故喜透者；皆知天理，故求道路以往上；皆愿幽处，故设桥彴以探奥赜。世言万物者，皆谓阴阳化气而生，皆得天地巧妙于一身，皆有守一而达八方之能，故爱石者喜石之玲珑，塞极而通，实中有空，若仁者虑事周于四面也。雅士多清癯介癖，故喜瘦。然人群各异，固有异好者，变化从心之为便。爱石不脱于仁者乐山之意也，故君子爱山托于石，赏石以为赏山也。

石以掇山得以赏。乱石可砌，黄石为佳，虽有冰裂之名，尚不足大观也；小石如榴子者，曲折成路，虽花纹点缀，亦不足大观也。大观在于石山。园中掇山，非仁知者不可为也。为者殊有识鉴，乐山而得佳境。作厅山者，不宜于环堵之中耸立高峰，若耸，及高而无可望，不若借以嘉树稍点玲珑之石，或谓墙中嵌理壁岩，顶植花木垂萝，意欲深境也。人爱楼前傍山也，山宜高方入妙，若与并高突兀，不若远之，深意为高远也。亭阁四面轩敞，宜于山侧，山梯设之，扶路以上，登高望远揽于心焉。池上理山，园中第一胜也。就水点其步石，从巅架以飞梁，洞穴潜藏，穿岩径水，风峦飘渺，漏月招云，莫言世上无仙，斯住世之瀛壶也。作山石，作山水画也，故不舍峭壁，借以粉壁为纸，以石为绘也。理者相石皴纹，仿古人笔意，植以黄山松柏、梅、竹，收之圆窗，宛然镜游也。山石于园者，有作峰者，上大下小，若作飞舞，正欹相当，稳中有飘逸之态；有作峦者，或高或低，不可齐架，随至乱掇，意欲高峻；有作岩者，悬岩为上景，其状可骇，却万无一失；有作洞者，中空可设集者，顶上可堆土植树，可作台屋，是为藏幽也；有作涧者，山以水为妙，得水而活，堆高皋而落水，若幽谷观瀑，阅激溅而飞白，若信步胜景之深，听水鸣而悦，宛不似在人间焉。

园无草木则不生。山为骨，水为血，草木为毛发。草木之类庞杂，别其大较有三：木本、藤本、草本是也。木本坚而难痿，其岁长焉，高焉，可比肩于山，可齐顶于楼台，造园可借硕木而成景也。畅游山水间可观山高木小，然园林之中亦可木大石小，木之挺拔若君子轩然得时，是为主人之心境也。藤本或谓正敧相扶，君臣相佐，固有岁纪，然根深不固，体身不状，若墙头之草，人立则我立，人偃则我偃，人若不存，我无所处。藤蔓之景若攀若爬，若垂若挂，或青或艳，或叶或花，或密或延，亦是独景也。草本逞一岁之欢，或睹雨露而喜，或遇雪霜而艳，固守本身性情，逐时而生长，应时而作景也。主人所好，借物言志焉，梅花之高洁、兰花之幽芳：竹子之虚空：菊花之恬淡，是谓君子之风焉。或谓牡丹之王，或谓桃李不言，或谓海棠无香，或谓玉兰不叶而花，是谓主人所好不同焉。构园无格，然赏园意同。高远极望，远岫环屏，堂开淑气入沁，门引春流到泽，近手有华岳之韵，侧目则见泰山之奇，登步则尽烟岚半腰，入洞则有道山之境，不作园里神仙，便是山中宰相。造园虽是一隅之功，却是全然山水之景；虽是山石草木之假，却是心志画图之作；虽是自我意象，却是贤人志士共求；虽是意撮庙堂江湖之鸿沟，却是妙结天作。雅士不舍园林，若不舍志、不远道，园林之大义，君子之心志哉。

古乐

天高地卑，万物散殊且各有应和，本乎地之物上而求耦，本乎天之物下而求应，流而不息，融同而化，自有乐章。虽天地不言，四时往焉，静默之中亦有自转。天之音如雷如风，地之音如火如水，虽不意拾撷，却自成音律。春萌虫醒，尺蠖有婉曲之妙；夏长嗓喉，知了等诸音有缠绕之魅；秋敛硕色，田野跳动成熟之声；冬藏气息，寂寥之气堪如弦之哑音。乐者贵和，故圣人作乐以融通天地。

古之大人有三阶：一阶士人，二阶君子，三阶贤人。士人能心有所定而不能得大道之精髓，行事虽有所守而不能得百善之美，饱读诗书在于窥天地之理，其人之乐融于天地在于顺从。君子心无克伐怨欲，如天之坦荡，言必忠信似地之笃实，虽有成就而无夸耀，践行无功而成

之德，思虑通明而内外平和，行无为而治之道，践行
乾德之自强不息，凡事虽不刻意而自成表率，富贵贫
贱无改其心，其人之乐融于天地在于感应。贤人造福
一方以利，所谓富则天下无宛财，施则天下不病贫；
化育一方以德，所谓言足以法于天下而不伤于身，道
足以化于百姓而不伤于本，其人之乐融于天地在于同
声。与天地同，大人之乐也。

圣人德合于天地，所以能以乐融同天地；其变通无方，
所以能使音律变通无方；其穷万事之终始，协庶品之
自然，所以能使音乐得万物之情性。圣人之光明比若
日月，如音律之德化育民众如水。圣人化育民众于平
庸之间，如同音乐润育百姓如闲常之中。圣人之乐融
于天地在于一体。与天地合，圣人作乐之功也。妙不
可言之谓圣，圣不可知者之谓神。天地之秘奥神不可
测，万象垂之，以乐现之。

自然之音，物之使然。人心或悦或戚，感于物使然。假与物音而抒发人意，故形成于乐。感物而有异，故而乐音有异。见物感伤，其乐也杀；触物有喜，其乐也豫；视物有怒，其乐也愤；闻物有爱，其乐也仁。七情六欲者，其音或骤或缓，或散或聚，或刚或柔。天地相荡而人心趋之，鼓动拟声于雷霆，奋发动感于风雨，往去来复坚决如四时之逐变，人情感物而后动，人心与物情同化而一。

乐音生于人心而通伦理。知声而不知音者，禽兽是也。知音而不知乐者，不知乐之道也。乐之大道在于与万物和同。和而百物不失，同而万事有善。审声能知音，审音能知乐。不知声者不可与其言音，不知音者不可与其言乐。君主制乐以和同，在于天下无患，百姓安泰。家庭作乐以和同，在于血缘之亲，亲人相爱。祭祀之乐，所以敬天地；宗庙之乐，所以事父母；昏姻冠笄，所以别男女；庸常食飨，所以正交接。圣人作乐，以养性情，育人材，事神祇，和上下，音感知天地而成乐，乐合从于天地而成礼，所以乐德之盛也，乐道之大也。

在心为志，发言为声，情动于中而形于言，言之不足，故嗟叹之，嗟叹之不足，故以歌之，歌之不足，不知不觉间手之舞之，足之蹈之，而不能止。歌咏其声，舞动其容，然后乐器从之。故有心则有感，有感则有音，有音则有律，有律则有乐。乐音雍容华贵者为天音，其次地，其次人。乐音涤荡邪秽，斟酌饱满，动荡血脉，流通精神，养其中和之德，而救其气质之偏也。风土之音曰风，朝廷之音曰雅，宗庙之音曰颂。积风而雅，积雅而颂，犹积小而大，积卑而高也，此为乐音所积之序也。

雅乐之根在于乐自中出。君子求诸己，不苛责于外。君子之乐源自内心。乐意种种，譬如闻一善言、践一善行，譬如助人之美、成人之善，譬如逢时安泰、遇事呈祥。感物情而情生，情生而意至，意至而形于声乐，故乐自中出也。乐自中出则真。声无哀乐，圣人困厄，七日绝粮而弦歌不绝，陷困顿而不馁，以乐处险，故其吟唱也洒脱，其声律也坦荡。乐自中出则诚。匡地遇难，虽外有干戈，却怡然自乐，圣人与弟子和鸣，其歌也松弛，其音色也脱俗。乐自中出则极，其心无所隐，其情无所藏。故雅乐根于中出也。

雅乐之度在于宜。酵粮为酒，非以为祸出，而诉讼日繁，在于酒欲望而无节。君子乐得其道，庸人乐得其欲。人生而静，天之性也，率性而为道；感物而动，人之情也，徇之则为欲。君子所乐，乐在其性，此所谓乐其道；庸人所乐，乐在其情，所以之谓欲。君子乐道而得之雅，庸人乐欲而失之于度。人皆有宴乐之需，以乐之礼而合欢，宜者义也。不过不及之谓中，日常反复之谓庸。中者可以无过无失，庸常可以无锐无突。感物之情形于外之谓嗟叹，其词也真，其情也诚；嗟叹之律形于外之谓音，其声也悦，其色也韵；乐之氛围形于外之谓义，其德亦耀，其道亦成。宜也，同频而鸣，同声而应，同气而求，同光合尘，相得益彰，各得其所，各得其情。宜也，雅乐之度也。

雅乐之形在于礼。礼者，天地之序也。民亦有序，因而有忠国之义、孝亲之礼、兄弟之睦。乐因此而有别，宾客不同而乐有异。不一概而论而因人制宜，礼之大成也。礼涵履卦之意，履者，其心也敬，其行也慎，以礼辨以上下。万物合礼，此消彼长以得平衡，各得其位以和谐，相互成就以有仁德。诸事乐以行之。乐以贞吉，中正无邪，虽豫而不欲。中正无邪，礼之质也。非礼不乐。诚则中正，去伪则无邪。豫之不欲，乐之敬慎不败。应时而乐行，作乐以崇礼，自是雅在其中。合礼而得雅，雅之形也。雅乐而成礼，乐之用也。

围棋

天地有数，故有一生二二生三三生万物之说。数之有形，固有河图洛书之神不可知。数与之其形图，仿天地而作，拟万物而生，故其大之广袤无边、宗其天地万物。圣人感于龙马负图，观象于天，察法于地，竭诚而作先天八卦之无字天书。在天垂象，在地成形。乾一兑二离三震四巽五坎六艮七坤八，虽后人命之，但亦是数之理，况如乾卦如三之汉字。万物之数，从一而起。围棋亦是如此。围棋纹路横竖各为十九，其十为地，其九为天。其交叉之处三百六十有一，其一为乾坤，其三百六为周天之数。棋盘由四角锚定，如四时之序。每隔九十路分，以预季节之日数。外周七十二路，以法时令。围棋之数，其理大矣。

万物从一而起，一为阳爻，断一为阴。阳爻喻天，如天之动能；阴爻法地，如地之有容。纹路十九，其十为坤之大，有大地之象；其九为阳之尊，应上天之位。围棋之棋子黑白，亦是阴阳之理。阳爻阴爻错列而成八卦，如天地外物之共生。阴阳得以交流，如万物之气息流动，而得以地天泰安；堵塞不通而天地否臧。围棋之黑白相对，如阴阳相否；黑白相融，如阴阳相泰；相互争胜，如万物求生。围棋之色，其理大矣。

万物动静相得，动中有静，静中有动，动静各自相宜。水动而云生，化雨而孕育万物。太阳静而守恒，以阳光之仁德普惠万物。大地似是静止而有自传，四时往来而年复，似是未有变之。动似是静而非静，非静而是静；静似是动而非动，非动而是动，动静之辩证，其博学矣。围棋之局方而静，棋圆而动。局方如地，棋圆如天，天圆地方。行局之间，隅而静，全局而动。弈者其心在静，思在动。其心静如死水，思动如洪水。围棋之智深，于动静之间。围棋之动静，其智大矣。

万物因日迭而新。汤之《盘铭》曰:苟日新，日日新，又日新。其意足明万物变化之规度。日新为客观之使然，今不同于昨，此新于往昔。生命之物基于成长而变焉，恒生之品基于时变而新焉。为物求新则究于生存，为人求新则益于德行。逐日追求精进，则成就于大我，经世于世人。弈者之大在于德高艺精，故有逐新之动力，况乎综观围棋之史乘，古今同局者近于无，如同《盘铭》之"日日新"。时空有异，自是无以雷同。围棋之局新，其劝勉之功大矣。

弈者行棋堪如王政。王政之治托于规章，法律条文如是棋之规则；王政之事有赖城池，城池之险固，道路之畅达，如棋之纹路；王政之业必有霸心，其雄才之谋高，其大略之智深，如棋之博弈。凡事预则立，不预则废。行棋有虚设预置，以自卫护，以求收放自如，以得目标之物，此如伏羲网罟之制。攻防兼得，有堵有疏，似是夏禹治水之业。胜负已定，淡然恝置，赢而不诛，以此仁德，亦是文王武王遗风。治棋如治国，行棋如施政，胜负如国之昌衰，围棋之王政之道，其治大矣。

弈者之大者为君子。君子敬以直内，义以方外，如棋局方正，棋道正直。君子以智谋成。行棋以正合其势，以权制其敌，谋定于内而势成于外。战未合而谋多者，得算多矣；谋少者，得算少矣；战已合而无知于胜负者，无算也，亦为无智也。君子为事宽以格局。博弈定势于四角，遵循以纲格，近不必比，远未必乖，《诗经·大雅·荡》曰："靡不有初，鲜克有终。"起局之智慧，格局之谋略，影响之深可见一斑。格局之智慧，又在大小取舍之间。见小利则大事不成。或是大小兼得，或是取大放小，或谋全局而弃一隅，取舍之间彰显智慧之深浅、内心格局之高下。

博弈之道，贵在谨严。《周易·系辞上》云："苟错诸地而可矣。藉之用茅，何咎之有！慎之至也。夫茅之为物薄，而用可重也。慎斯术也以往，其无所失矣。"

与人交往不失于敬，做事谋事不失于慎。《诗经·小雅·小宛》曰："惴惴小心，如临于谷。战战兢兢，如履薄冰。"未有敬慎之心者，多为莽夫；棋子随意而下者，亦为莽夫。不敬慎而应，取败之道也。君子能适时视势权变并自知之明。违时则困踬，逆势则难救。见可而进，知难而退，适时而变之道也。虚则易攻，实则难破，因势变通，不执于一，视势权变之道也。智者预见于未萌，心怀履霜坚冰之戒；愚者则犹夷于成事之后，无审时度势预见之智。《老子·三十三章》曰："自知者明。"自知有四：知自己之害与对方之利，知自己之实力宜战否，知自己多寡，知自己虞或不虞。自知则不失，不失则能胜。

君子临阵以勇，狭路相逢勇者胜。弈局有"不走之走，不下之下"之势。之所谓不走之走，则是势孤援寡，走之难脱，不若直面抗争；之所谓不下之下，则是机危阵溃，下之难救，唯有勇猛相博。穷则变，变则通，通则久，穷变变通之间，勇气沛然。怯懦无以成事，勇者则无所畏惧。

君子贵诚，弈之雅者在于静。临局而静，其情难测。持重而廉者多胜，轻易而贪者多败；先自保而谨慎求进者多胜，务进而不顾己者多败。多败者失之于静，感物而动，其情可辨，弈子未动而胜负可得先验。失于静者，在于其德行不足；德行不足者，根于其诚意不丰。心诚则意正，意正则修身，修身则有德行。推之于棋，诚意者外化为敬慎，求己弊而不求人之弊，胜而不骄，败而能思，因而棋艺日进，得以行远。静者有清风超逸之气，自然雅盈其间。

弈之君子胜不妄言败不愤语，且有廉让之风。弈之凡夫者则易其愤怒之色，赢则骄傲自大志骄气盈，局中妙手多伐而不知谦；败则怨责于外，反省不足则愤然有余。弈之雅风在于高者无妄，低者无懦。气和而舒韵，虽将胜而不喜；心静而色无变化，虽将输而不忧。博弈之雅，不获于悔棋之耻，妙着于放松，安而不泰，存而不骄。雅之风，起于诚意，得于德行，外化于棋风，终成于君子之棋品。

君子之棋品，为入神为上，其次是坐照、具体、通幽，再其次是用智、小巧、斗力、若愚、守拙。妙不可测之谓神，入神为棋者之最高段位，其技变通无方，其德堪如圣人，不战而屈人之兵，不语而令观者倾倒。坐照者不勉而中，不思而得；具体者能体会弈局之神智；通幽者则是自有见解，懂得棋局三昧；用智、小巧等其他品格者则逐级而下，最次者守拙，则漏洞百出，其笨拙之象若是初学。弈毕竟小数，弈者适可而止。《孟子·离娄下》曰："博弈好饮酒，不顾父母之养，二不孝也。"不孝之失在于博弈无度，以末艺度日，荒废人之大伦。求末艺之长而昏昏度日，自然不为君子所为，更非雅者之举。

书法

万物有形，伏羲象之，始作八卦，以垂宪象，具以符号意义。神农氏结绳记事，民众有迹可循，百业叶繁，具之以符号之规律。黄帝之史仓颉，悟往圣之智慧，睹鸟兽之纹路，感万物动静之本象，终得文字之灵性，造字以别万物之类别，以喻语言之要义，以传信息之确凿，以记人类之历迹。由此百工得以义，万品得以察，诸事得以夬，王庭施行于天下，自此华夏文明得以开启功业。

伏羲观天察地，近取诸身，远取诸物，创制八卦符号，成为文字之肇始。卦者挂也，悬符号以高处，以传递族群之信息，以描绘天地之象，以丰盈族民语言个性。文字源自八卦，先八卦三爻垂立，后八卦六爻范之，汉字数字一取一阳爻，数字二取两阳爻，数字三取三阳爻，又形同于乾卦之象，故卦形即为文字，简洁而本立，单调但根源，虽有抽象，但意义同。反之，文字为卦之具体、卦之延续。一画开天生天，重画生天地，三画使三才归位，由此开展而丰富，描水纹而成水字，观山峰而成山字，诸如此类，文字丰矣。

造字取形不惟仓颉，世传其他诸多，譬如少昊作鸾凤书、高阳氏作蝌蚪书、陶唐氏作龟书，虽名称有异，但精神同源，皆是依类象形，附丽于自然万物，假借于生产生活活动。仓颉错画为纹，后以形声相益，谓之于字。文亦为物象之本，字亦是物象孳乳而浸多。著于载体，则为书也。循以法度，亦为书法也。

书法之魅力在于审美，如飞鸟出林、惊蛇入草、漫沙孤蓬、夏云奇峰，描述自然形态之美感，彰显其韵味情趣。康有为《广艺舟双楫》曰："以其身峙立，首函清阳，不为血气之浊所熏，故智独灵也。凡物中倒植之身，横立之身，则必大愚，必无文字。积之岁年，必有文字。"地中之物峙立之身者，虽有未文字者，但其智强于他物，亦为灵长之类也。东汉许慎《说文解字·叙》云："诸侯力政，不统于王。……言语异声，文字异形。"始皇统一天下，车同轨书同文，自此文字一家，书写归一。既有模范，则书写就各有异能，异能所致力于美。书法之美，同于文字创造，亦是人之智。究于人性，目喜悦色，推之于书法，目乐美感，自此书法之学经久传矣。

书法虽有篆隶草真之别，有碑帖之分，有二王、怀素等人之异，有汉唐宋元等朝代之迭，但书法之心画说，盛誉不衰。唐人虞世南《契妙》曰："故知书道玄妙，必资神遇，不可以力求也。机巧必须心悟，不可以目取也。"虞世南《笔髓论》曰："字有态度，心之辅也；心悟非心，合于妙也。且如铸铜为镜，明非匠者之明；假笔传心，妙非毫端之妙。必在澄心运思至微妙之间，神应思彻。"宋人苏轼《跋钱君倚书〈遗教经〉》曰："人貌有好丑，而君子小人之态，不可掩也；言有辩讷，而君子小人之气，不可欺也；书有工拙，而君子小人之心不可乱也。"明人项穆《书法雅言》曰："人灵于万物，心主于百骸。故心之所发，蕴之为道德，显之为经纶，树之为勋猷，立之为节操，宣之为文章，运之为字迹。""人心不同，诚如其面，由中发外，书亦云然。所以染翰之士，虽同法家，挥毫之际，各成体质。"所谓书法如人之眸，胸中正则书法不邪，胸中不正则书法有蛊，书法传心，即为心画也。

书品既人品，宋人朱熹少时学曹孟德书，时人刘共父学颜真卿书。朱子以字书古今诮之，共父喟然正色曰："我所学者唐之忠臣，公所学者汉之篡贼耳。"朱子闻言嘿然无以为应。共父之言虽一家之偏，但学书取法不可不端也。柳公权言心正则笔正，项穆言人正则书正。孔子说《诗经》"思无邪"。《礼记·曲礼》曰"毋不敬"。书法大旨，归于此语也。古迹古人，莫不如是。譬如褚遂良之遒劲、颜真卿之端厚、柳公权之庄严，其书后人仰之，其人皆为忠义直亮人之人，人品亦被后人敬为模范。故欲正其书必先正其心。学书自做人始，做人自正心始，未有人心不正而能工书者，既工则被纸墨淹没也。正心需诚意，所谓诚意者，端己澄神，无虚不贰。致知者，即以此心审其得失，明乎取舍。格物者，即以此心而博习精察，不自专用。书者，唯正心也。

书学不过为一技，而人品为万事之本，然立品为第一要务。品高者，点画之间盈满清刚雅正之气；品失者，虽笔锋有激扬顿挫之法，俨然可观，但其纵横刚暴之气难免外露。故以道德、事功、文章、风节著者，代不乏人，后人崇敬其人品，益重其书，书人遂得以千古。反之则弃。宋之蔡京、秦桧，明之严嵩，人爵至高，书学亦有可学之处，但后人无以为师，躲之唯恐不及，实因其为人之大亏，致使其技无值一文。伯夷能筑屋室，盗跖亦能筑屋室；伯夷能树谷，盗跖亦能树谷。屋室与谷虽无异，但世人对之有别，孜孜为善者学以伯夷，孜孜为恶者学以盗跖，世人多为劝勉为善，自然弃盗跖而慕伯夷，书法亦是如此也。欺世者，可彰其心术之诡秘；媚世者，可窥其人品之卑污。品行道德，固然属于别一问题，要以作字一技亦不可不立人品也。书学先贵人品，书家人品堪称模范，其书固然入神。绝非胸怀卑污而书能佳，此亦断言。

亚圣孟子善养浩然之气，书学之精品亦有气韵流动。喜怒哀乐，各有分数。心志为意气之主帅，情绪为意气之外露，书迹为情绪之彰显。气和而喜则字舒，气粗而怒则字险，气郁而哀则字敛，气平而乐则字丽。情绪有重轻，而笔迹有浅深，应合而作，变化无穷。作书能养气。临摹以静气，除学书法之韵，又学书人之气概，浩然之气潜移默化，渐渐自比楷模。作书亦能助气。静坐作楷法能获端正之悟，捉笔写文自是端庄。若书行草，则痛快淋漓，起承转合一气呵成，心灵有激荡焕发之感，捉笔写文自是如同泉涌。笔迹者，技也；流美者，气也。书受气所托，取诸怀抱，与人之浩然之气同宗同源。学书，诚需养气也。

人品正气为基，书学之雅，首在意至攸宜。神为精魄，若神不和，则字无态度；心为筋骨，心若不坚，则字无筋骨。神和而气至，心动而手均，意圆而笔润，意长而笔锐，意端而笔挫，意粗而笔莽，意细而笔纤，此为意至也。书法有篆隶草章之妙，工用多变，各有优美，但求攸宜。篆尚婉而通，隶欲精而密，草贵流而畅，章务检而便。凛之以风神，温之以妍润，鼓之以枯劲，和之以闲雅。书迹与心情同步，韵味与情性同频，笔气与情绪同见，穷心态于毫端，合情调于纸上，无间心手，此之谓攸宜也。

书学之美惟其神。书之雅道，神采为上，形质次之。神品有八：曰人品高，曰师法古，曰笔纸佳，曰须险劲，曰须高明，曰须润泽，曰须向背得宜，曰须时出新意。自然长者如秀整之士，短者如精悍之徒，瘦者如山泽之癯，肥者如贵游之子，劲者如武夫，媚者如西施，欹斜如醉仙，端楷如贤士。书至佳境，自然能摇曳生姿。笔至而气生，气生而韵游，韵游则神采飞扬，此为书有神也。有神，则雅之至也。

今人书法之雅重在功用。今人有硬笔软笔之别，有多种应用场景之分，功用在于优雅。优雅之意有二：一是字体得宜，二是美观。字体得宜者，得于场合之要求也。或恣意狂怪，或增减任意，或支离背谬，或东涂西抹，或字义乱用，或鱼鲁不分，或贸然造义，皆是不宜之为也。今日非以书学取士，但书写之美亦为默然加分之项目，实用为基，得宜为要，若有余力，应致力于书写之美观也。至美，则雅也。

国画

苦瓜和尚《画语录·一画章》曰："太古无法，太朴不散，太朴一散，而法立矣。法于何立？立于一画。一画者，众有之本，万象之根，见用于神，藏用于人。"此至圣先师研《周易》之理也。其曰：易有太极，是生两仪，两仪生四象，四象生八卦。此生之秩序，即为法见之过程。一画亦两仪生之象也。其赞一画为众有之本，万象之根，见用于身，藏用于人。至圣则云法象莫大乎天地，变通莫大乎四时。而成天地者，在于两仪；成于两仪者，在于一画，古后人赞伏羲一画开天之功。一画以无生有，以有贯众。千里始于一步，宏制之作起于一笔。而首笔者，统领贯穿始终。伏羲起笔为一，绘天之象，再起为地，绘地之法，此谓一笔开天之意也。一画论根于此。

绘画非止艺行，当与《易》象同体。圣人有此见天下之赜，而拟诸形容，象其物宜，是故谓之象。象也者，像此者也。天地变化，圣人效之。河出图，洛出书，圣人则之。易有四象，所以示也。所谓示，表于笔端，为文为画。画者不逆天地之德行，譬如乾为天，天行健，故为马，马在绘者笔下当有强健之神；坤为地，地任重而顺，故为牛，牛在绘者笔下当有承载之气；又譬如介于石，臭如兰，坚多节，皆是《易》之理，君子以之。古人以圣贤形像，往昔事实，含毫命素，制为图画，旨在指鉴贤愚，发明治乱，亦有美之化育之功。古往绘者无不参悟《易》象，求其理，得其神。

两仪区分为阴阳之名，昔圣人之作易也，将以顺性命之理，是以立天之道，曰阴阳。阴阳堪如日月，悬象著明莫在乎日月。天下之物莫各有显隐，显者阳也，隐者阴也；显者外明也，隐者内象也。一阴一阳之谓道也。万物有阴阳，故笔有虚有实，画之彩有明有暗，画之形有高有低，墨之用有浓有淡。阴阳相生而变化万千。不知隐者不知阳，不知阳者不知阴，不知阴阳相生者不知其玄，不知其玄者无以神韵，有神韵者阴阳适宜，相得益彰，相生相发，互为宗主，彼此高度相融。圣人以《易》示人，探赜索隐，钩深致远，精义入神。绘者墨分虚实，笔分神气，以气取气，以神取神者，得阴阳之妙也。

谢赫《古画品录》云："经营位置。"位置之理，《易》之理也。初位潜龙勿用起于凡事之初，如草木初生；二位见龙在田益于中正，如山水相宜；三位终日乾乾，碍于位置之际，如水激山涧；四位或跃在渊，求进于尊位之侧，如山之巍峨；五位飞龙在天，享于位置之尊，如画之巅峰，水之龙头；上位亢龙有悔，因于末日之光，如夕阳晏晦。圣人兼三才而两用，故易六画而成卦。分阴分阳，迭用柔刚，故易六位而成章。绘者胸中当有山河，其位置应了然于胸。不可以笔求位，应当以位引笔。位置即为格局，位置失宜则格局乱，位置宜则格局正。

谢赫《古画品录》云："气韵生动。"山川万类皆入其画，天地之间阴阳之变生四时，春夏秋冬各有其妙，可观、可赏、可以卧游之。画事著阴阳之变而生意趣，阳者有阴，阴者有明，高处有敛，敛处有突，密者有疏，疏者有细，彩者有淡，淡者有彩，背逆者忽顺，窒碍者忽通，穷则通，通则久，遂成天地之文；泰极否来，否极泰来，生变之间则是意象之趣。同一物体亦有对应之妙。山有峰峦叠嶂，又有眉黛遥岑；水有洪涛巨浪，又有平溪浅濑；树木有茂密浓荫，又有疏林淡影；屋宇有烟村市井，也有野舍孤家。究乎万物之妙，知周乎万物之理，成变化而有逸韵，得绘画之神品也。

《论语·八佾》云："绘事后素。"云绘画即成以素装饰。三代之时，庶民之衣为褐宽博，囿于工艺，褐色应为之主色，由此推及之绘画之事，当是着笔于褐色或他色之物上，非白色之体。白色为素，色之高贵，令人仰之，达官贵人加身，或用于庄重之场合。儒家云葬之以礼祭之以礼，祭葬之事为祭祀之大，古之素色为哀，今之亦然，可见素之俨然。着笔在褐色或他色之物，成山成水，成君子成小人，成牛马牲畜，成鸟禽花林，成庄重之场面，成嬉戏之剧戏，种种绘事皆白色点缀，山留白而成山峰，水留白而有密致，牛马之白斑，鸟禽之白羽，花之白蕊，树木之白身，场面之素衣，戏剧之素妆，都需后素以成就，故称之为绘事后素也。

绘事可修身，可养性，画之境可达胸臆，是为儒家之重也。绘事不在六艺之列，而自成体系。儒家之正心即为画者之正心，笔墨纸砚无以不端正具备；其诚意即为对绘事之敬重，予所绘之象以诚恳，不邪不恣，藉用白茅以敬慎，绘之要素了然于胸，绘之神韵浑然天成。其修身即为绘事之审美，以目之悦色入心，以笔之神妙表彰，手心一体，意至形神；绘者为仁义礼智信，画面之作自然无他，故绘者内心正，外体悠然，执笔如执礼，运如祭神，笔墨进退有章，着彩留白有

义，绘者之德行即为绘事之德行也。此为绘事同儒家
之理。

绘事近道，外师造化，中得心源。苏轼称绘事有道有
艺。曰有道而不艺，则物虽形于心，不形于手。无道
则无艺，无道者，仅是涂抹之才。绘画虽为艺事，亦
有下学上达之功夫。下学者，学于自然万物之间。自
然万物各有其理，始求于自然万物之理，描绘其形，捉
其趣味，不敢恣意妄作，不敢立异创新，循规乎古人
之经验之中，蹈矩乎师之教诲，以求精之心终得自然
万物之理。久之则知自然之理其所以然，又久之能得
知其神韵之几微。至于神韵之几微，则是看画得道之
境界，虽不改山水之形，不逆自然之色，但观者能感
知绘者之思想，以得道而忘乎技艺，以大道而略于技
艺，此之谓道法自然也。此之谓绘事下学上达之奥也。

绘者名家中多有近禅之人，其画多有禅之义理。实处
皆空，空处皆实，空虚之间彰显禅意。明人董其昌曰

菩萨为毫生，不同于众生之胎生、卵生、湿生、化生，其言菩萨盖从绘者指头放光，绘者拈笔之时，菩萨即下生矣。佛说凡夫，即非凡夫，是名凡夫。古人绘事，如佛说法，凡事遵循因果，凡事庸常而有非庸常，眼见而非眼见，名实之间相融相生，所拈往劫轮回，报应出没，超然仪表。《心经》云："色不异空，空不异色，色即是空，空即是色。"此语道出画中之白、之虚、之实，画中有画，画外有画，此之谓绘事与禅之近矣。

绘事之雅首要正心诚意。绘事乃无声诗歌，往来贤哲多有寄兴。绘画天地，品类群生，杂物奇怪，山海神灵，写载其状，托之丹青，千变万化，绘其各形，随色象类，妙得其情。得其妙者，需以目入心，以手出心，握管着正，下笔意诚，绘之胸中灵气。正心者则管正，诚意者则笔诚。其心之正在于不媚不俗。君子之体，仁义在身，志向高并有操守，其画或雅或趣，或景或人，皆有正气之感。其心之诚在于笔彰画心，不攀不比，不为外化所动，仅为内在之美而叹，其画或雅或趣，或景或人，皆见绘者尽心之迹。

绘事之雅须形似而神至。只求形而明月之光不可表，无以形则神之不存。唐人白居易《记画》称："画无常工，以似为工；学无常师，以真为师。"似者在其形，真者在其神。形之宜在为技而忘技，真之大者在为画而忘画。形具而神生。若长短、刚软、深浅、广狭、上下、大小、粗细、浓淡，有一毫之失，则神变矣。形似亦为勤奋之功力，神至则为天赋之才华。无以求神，止于形似。神至不得，形似且不得，涂抹而已。涂抹之举，随意而为之，观者无一观，绘者无以示，玩笑大矣，无以雅之。绘画之美方得雅。

画之雅气与绘者人格相彰滋养。绘者贵乎人品，立品之人，笔墨外有浩然正气。反之虽技法可观，但其不正之气则跃于笔端。历来画有士夫气之说。士夫者，士人也。《孔子家语·五仪解》载，孔子曰："所谓士人者，心有所定，计有所守，虽不能尽道术之本，必有率也；虽不能备百善之美，必有处也。是故知不务多，必审其所知；言不务多，必审其所谓；行不务多，必审其所由。智既知之，言既道之，行既由之，则若性命之形骸之不可易也。富贵不足以益，贫贱不足以损。此则士人也。"士夫之气源自士人之德行。有德行者，则其画不见媚俗之气，不见炫耀之气，不见好名之气，不见货礼之气。无邪而正，则雅气生矣，滋养心矣。

陶瓷

陶为圣人之功。《周书》云："神农作瓦器。"《礼记·礼运》云："后圣有作，然后修火之利，范金合土。"《左传·昭公十七年》："炎帝氏以火纪，故为火师而火名。"炎帝以火纪官，治火之圣者，必炎帝也。黄帝有陶正，昆吾作陶。黄帝陶正，设官之始。《孟子·公孙丑上》云："大舜有大焉，善与人同，舍己从人，乐取于人以为善。自耕稼、陶、渔以至为帝，无非取于人者。取诸人以为善，是与人为善者也。"上古圣人皆善于陶，舜犹甚。舜之后人虞阏父为周文王之陶正，文王赖其功。武王诛灭独夫不待驻车，封阏父之子妫满于陈地，是为陈国。陈国王族陈完躲祸奔齐，齐桓公嘉许其德行，欲立其为九卿之列，完婉拒不受，百般推辞后仅受工正之职。工正，即为陶正之延续也。器皿日丰，百工有别，各有所长，必有首领，故有工正一职。陶人亦在其内。《周官》亦有旒人之职。

《周易·系辞上》云："备物致用，立成器以为天下利，莫大乎圣人。"圣人之德也。如何成器？又云，"形乃谓之器。"器之形源如此。如何大利天下？又云："制而用之"；又云，"利用出入，民咸用之，谓之神"。圣人刳木为舟，剡木为楫，以济不通，致远而利天下，舟楫之利也；断木为杵，掘地为臼，以质米粮，臼杵之利也；上古穴居而野处，圣人易之以宫室，上栋下宇，以待风雨，宫室之利也；土水为泥，火之为陶，以盛有余，陶器之利也。形而上者谓之道，道从天，抽象而去，概括而走，普遍天下；形而下者谓之器，以物象形，以形致用，以用而利于天下。器从地，厚德载物，藏于百姓日用。陶器之内圆而外方，象之于天圆地方，故《礼记·郊特牲》云："器用陶匏，以象天地之性也。"器用陶匏，尚礼然也。制器皆有所象。物之大者莫如山，器之大者莫如罍，故象山以制罍，或为大器而刻云雷之象焉；鸟禽之小者莫如雀，器之小者莫如爵，故制爵以象雀。观器，可以观义焉。

陶之德行如君子。君子体仁，陶器亦然。体仁者天性生发，仁心待人。陶器者怀物不言，来者不拒。君子有勇，陶器有利。陶器曾为干戈，勇往不惧。君子有信，陶器自受，慎其睹如无所有闻。君子有义，陶器不逆，盈亏皆有法度。君子如泰，上下交汇而造利天下。陶器汇合阴阳，阴者水也、土也，阳者火也，至阴至阳则济美。以阴阳交汇之利而成形，虽成器但不失阴阳之和。其身虽密但有气流，藏物而不闭塞，得处而养物也。自然万物有生有克，陶器取水火不容之理而成水火有生，五行大义可观焉。君子有三才之心，陶器三足鼎立取其义，三色生彩取其变。君子贵和，不过不及，无狂无狷，其处也适宜，其行也得体，其言也中庸。陶器求得水土火之和，求得上下之和，求得与物与人之和，以和处世。和者，平衡也。《荀子·宥坐》载：孔子观于鲁桓公之庙，有欹器焉。孔子曰：

"吾闻宥坐之器者，虚则欹，中则正，满则覆。"器之平衡在于中。足失则不稳，头失则无口，身失则无以容，色失则不貌。陶之君子德行大矣。

陶亦为和谐之物。陶象万物焉，以彰制者与外界之关系：取五色之土以有辨土之性，以得其宜；取湖海江河之水以识水质之别，以得其宜；抱薪取火以燃火候之差，以得其宜；柔土为泥，与泥土之和谐也；取水为补，与水之和谐也；生火获燥，与火之和谐也；象万物而制形，与目的之物和谐也；着之于色彩之变，会目悦之和谐也；或为夸张之形态，与认知之和谐也；或用或趣，与心性之乐之和谐也；或庄或顽，与适用场合之和谐也；或道或佛，与教化之和谐也。陶形之广博，陶德之敦厚，陶功之宏大，不可掩饰也。陶器起于食器，起于泥土，起于炎帝，年岁虽久，陶之利，圣人之功无损矣。

陶之雅首在形雅。形为器之骨，擎天地精神之造化，精炼以为形。饰为形之付，观者以求悦色，进而心悦而已。象山之罍着以云雷之象，云之形，可睹可观，泱泱乎如海潮，懒懒乎悬浮不动，纯纯乎如棉团在天；或是乌云盖天，遮光锁明，明夷之象，此者见于陶器寥矣。雷之形如何？耳闻如天神发怒，观之则无形，声响如大地震动，寻之则无迹，暴雨将至，伴之为电光，如夬于王庭，如斩于秋月，其亮光如日之一瞬，其掠如惊鸿一霎，其长如鞭形，其粗如枝条，其威如恶刀，其暴如天裂，闻者无不骇惧，此之形见于陶器者也寥寥。雷之形何以捕捉？宋人沈括《梦溪笔谈·器用》云："余尝得一古铜罍，环其腹皆有画，正如人间屋梁所画曲水。细观之，乃是云、雷相间为饰，乃所谓云、雷之象也。"沈氏虽未言其美，应是美之盛矣。云雷之象尚能想象之创造，况乎可见之形矣？想象之创造亦能美，况乎可形之绘矣？陶之雅，形雅也。

陶之雅在于德行之美。器之德行为用为化。祭席错地，祭品尚飨，祭器为重。器之重者，为鼎，鼎立而国之存，鼎失而国之亡，鼎之德大矣，堪如日月，堪如泰山，其稳则社稷安，其失则灾祸生。器之严者如陶匏，祈之佑护：乃命大酋，秫稻必齐，曲蘖必时，湛炽必洁，水泉必香，陶器必良，火齐必得，兼用六物，其心诚恳，其礼也完备，陶匏之俨然，礼义大矣。礼义为化，赖于依乎典仪，器之化育，除场合之教民，其之题材也行教，譬如其形如神，教之敬慎；其面如圣，教之仁义；其绘甲士，教之以勇；其附智者，教人以智；其描闲情，教人以闲逸；其中正以盛物，教人以中和之道。观物如睹师，见之则思贤，其德化如风。

陶之雅贵在天人合一。其形同地，其服同土，其手合于水土之中，其面焦如炭，其置身于天地之中，以心之诚、技之精绘万物之形，其行止造化于天地之中。土因水而润，水因土而黏，土因火而焦形，火因土而成仁。观物在自然寰宇，成物在炉窑火烧，写意在造型比拟之中。天人合一在于意。意诚则观物几微而成形微妙，正心则器正而得功于庄重；意神则超脱物化而仙，意延则假借物化而绵。虽静而气韵流动，虽拟而精神附体，虽质朴而仁体充盈，虽造物而表于己心。此谓天人合一也，此为陶之雅意也。

花道

草木应时而生，顺时而长，繁茂枯萎皆是自然之则。万物有情，圣人类情，以象作万物之状，譬如巽为大木也，坎为坚心木也，艮为坚多节之木也，离为中空之木也，震为藩鲜苍筤也。草木屯时而生，《周易》假以其德其性而有所指。以茅茹喻之，其遇春蓬勃之生机，其遇秋杂乱枯萎以堵塞，泰否之别也；以白茅喻之于纯洁正直，可用于祭祀之重也，大过是也；以枯杨生稊、枯杨生华喻为老树亦能新花，久旱亦能甘霖，借杨树之生长以彰表人间景象，大过之二五也；借藩篱以圈牛羊，大壮有其意也；杞叶之大，足以包瓜，其涵容之象，令君子内省思齐，姤卦有其象也；马齿苋见于夬中，其脆断也易，其再生也强，以此喻决断小人要斩草除根也，夬之意大矣。《周易》繁列种种，皆为草木之义也。

儒家赞草木之雅，兰草多获其誉。《孔子家语·六本》云："与善人居，如入芝兰之室，久而不闻其香，即与之化矣。"所谓善人者，贤者也，其言足以法于天下，其行足以天下表率，其仁安己，其智利民，其勇安天下，问其一言则得以开智，见其一行则得以改过，与其处，则处处皆可循也。君子之风如兰花之香，乍闻得其不同，得其出类拔萃，得其超凡脱俗，久处而香味不得，香味不得缘是己已如善人言。以己比肩于善人，谓之于化，此谓善人化育之功也。孔子曾困厄于陈蔡之间，受恶兵拒，不得行，绝粮七日，外无所通，藜羹不充，从者皆病。是有子弟多怨，而孔子慷慨讲诵，弦歌不绝。子路有惑于师父之厄，疑问于孔子未仁未智未信。《孔子家语·在厄》载，孔子以兰花自比，曰："芝兰生于深林，不以无人而不芳；君子修道立德，不谓困厄而改节。为之者，人也；生死者，命也。"君子求诸己，诚意修身为先，治国平天下为用，不苟责于外。兰花之德，亦是如此。山林之深远皆为外物，不以外物而掩芳；故君子遁世无闷，不见是而无闷，困厄亦是无闷。此之境界，后人之学也。

松柏亦获其誉。岁寒而知松柏之后凋也，言其刚也。松柏亦有其庄，《论语》云"殷人以柏"，言其祭祀之礼用柏木，其礼之重，可见柏木之庄以适于礼也。古之山地之车必大，谓之于柏车，其轮毂必坚，适之于柏木，由此可知柏木其坚也。柏木之坚，在于其实心，而实心则为诚意，君子仁人之心也；柏木之刚，在于其坚守贞劲，不因岁寒而失节，实为君子操守也；柏木之庄，在于其挺然自持，在于其枝蔓有序，在于其挺拔耸立，堪如君子之傲然立世，是为君子之品也。彰其德行，贤祠皆有树立；促后人以践其性情，宗庙亦有植立。岁寒而不怨，高大而不伐，不枝而无克，自持而无欲，人性之弱皆被摒弃也；高洁而不言，实心而成木，刚毅而守节，人性之优皆有持也。世人以其为榜，践行其德，以求其德，松柏之义也。

《吕氏春秋》云："物之美者，招摇之桂。"世人尤爱桂花，独占三秋压群芳。唐人白居易《东城桂》诗云："遥知天上桂花孤，试问嫦娥更要无？月宫幸有闲田地，何不中央种两株。"宋人朱贯之《桂》咏句："人间植物月中根，碧树分敷散宝熏。自是庄严等金粟，不将妖艳比红裙。"宋人李纲和清人林则徐皆以桂花命之于书斋，称之为"桂斋"。其姿态，端庄挺秀，枝叶圆润；其枝干，不杂不臃，简洁明了，错落有致；其香味，不淫不腻。古人以其树叶做头饰，祝福于金榜题名，折桂之冠。品德和神韵融为一体，姿态与香味相互映衬，清雅且高洁之象，一己之力融化深秋，桂花之德也。

草木之雅，大成于《诗经》。《诗经·卫风·伯兮》云："自伯之东，首如飞蓬。岂无膏沐，谁适为容。"飞蓬即是也，首如飞蓬，头发散落无所梳洗之情也，"妇人夫不在，无容饰也"，其情为"女为悦己者容"，思夫之状情跃然纸上。《诗经·郑风·有女同车》云："有女同车，颜如舜华。将翱将翔，佩玉琼琚。彼美孟姜，洵美且都。"舜即木槿花是也。木槿花分五瓣，有红白淡等色之别，其艳也妖娆，其淡也清雅，其美不可言喻，以此形容女颜之貌，可意不可言传也，可浮想而无能具化也。《诗经·周南·桃夭》云："桃之夭夭，灼灼其华。之子于归，宜其室家。"桃花郁郁葱葱，出嫁之女脸色飞晕，映之于桃花之娇艳，人在花海，彼此交融，其美何境！其庆何盛！《诗经·周南·芣苢》云："采采芣苢，薄言采之。采采芣苢，薄言有之。采采芣苢，薄言掇之。采采芣苢，薄言捋之。采采芣苢，薄言袺之。采采芣苢，薄言襭之。"芣苢即车前子是也。藏生于乡间，无富贵之体，雅美妇家者，成群结队，采之于乡野之间，其风也温和，其野也阔达，采者之歌也，余音袅袅，若远若近，若断若续，其情之饱满，其意之悠远，着车前子于篮筐，其神韵已悠扬。《诗经·卫风·木瓜》云："投我以木瓜，报之以琼琚。匪报也，永以为好也！投我以木桃，报之以琼瑶。匪报也，永以为好也！投我以木李，报之以琼玖。匪报也，永以为好也！"木瓜、木桃、木李，皆植物之果实也;琼琚、琼瑶、琼玖,皆美玉也。美人以质朴,丈夫以玉礼,爱情之质朴,恍若果香也。《诗经·秦风·蒹葭》云:"蒹葭苍苍,白露为霜。所谓伊人,在水一方。……蒹葭萋萋,白露未晞……蒹葭采采,白露未已……"蒹葭即芦苇是也。芦苇摇曳,诉说思念于河流,岁月轮换而美人不在;诉说情愫于流水,美人驻在意中。求美人而不得,表思念而无人应,其爱慕之深,其思念之远,其心意之诚,其感情之坚守,令人宛若其人。

刘勰《文心雕龙·明诗》云:"人秉七情,应物斯感,感物吟志,莫非自然。"是为《诗经》也。《诗经》之草木皆以之寓象,多为美好、圣洁、纯真、诚恳之意。其快乐也如花,其幸福也如果,其清新也如叶。花木之繁华映衬感情之热烈,草叶之孤寂彰显爱人之孤独,或热情或深处,或直白或婉约,堪如花木或浓烈或含蓄之性情。《诗经》用之逾百种,比兴之手法,草木之情而感化,思之无邪,其雅大醇矣。

草木与生活之融如日月之伴。古者草木皆为食物之充，茹草食果，得以存续焉，得以繁衍焉；疾病毒伤之害，以百草医之，祛邪除病也，中医深谙草木之性情，国人倚重也。草木之为食，史料典籍皆有载，纯药者医之珍也，亦药亦食，百姓寻常也。灵草去沉疴。屈原《离骚》云："夕餐秋菊之落英。"中医之秘奥，外人不可闻；中餐之食草馔葩，外人亦不可知。草木之谓学，以寓安居之哲学也。庭院种植，以顺风水；屋内摆设，以顺情感。隔牖风惊竹。房屋四周无花木，如人之赤身裸体；屋内四隅无芳香艳目，如家徒四壁也。世人皆爱花，每一花开，绯幕云集。赏花有序，晚唐罗虬《花九锡》云赏花九锡："花九锡，亦须兰蕙梅莲辈，乃可披襟。若芙蓉踯躅望仙山木野草，直惟阿耳，尚锡之云乎。一、重顶帷（障风）；二、金错刀（剪折）；三、甘泉（浸）；四、玉缸（贮）；五、雕文合座（安置）；六、画图；七、翻曲；八、美醑（赏）；九、新诗（咏）。"此为雅赏之要义也。

插花之雅在移心于天地。折花入室，如花在野，借草木之微寄自然之志，以怡性畅神。或案头，或起居，或书斋，或茶寮，或厅堂，或庙堂清供，以一枝一叶之新独与天地精神之往来，此大雅也。南北朝诗人庾信《杏花诗》云："好折待宾客，金盘衬红琼。"金盘即插花之铜盘也。北宋张邦基《墨庄漫录》载洛阳牡丹盛开之际，太守做万花会之盛景："西京牡丹，闻于天下，花盛时，太守作万花会，宴集之所，以花为屏障，至于梁、栋、柱、拱，悉以竹筒贮水，簪花钉挂，举目皆花也。"雅士之琴棋书画四艺之外，亦有插花之艺。枫叶竹枝，乱草荆棘，均可入选。或绿竹一竿，配以枸杞数粒；几茎细草，伴以荆棘两枝，皆能位置得宜，别有世外之趣。或亭亭玉立，或飞舞横斜，或妖艳夺目，或含蓄不露，皆得自然性情之妙。

花之雅在其品格。《礼记·礼器》云："其在人也，如竹箭之有筠也，如松柏之有心也。二者居天下之大端矣，故贯四时而不改柯易叶。"李渔《闲情偶寄·种植部·竹木》云："一切花竹，皆贵少年，独松柏与梅三物，则贵老而贱幼。"对荷花之赞美，取其"出淤泥而不染，濯清涟而不妖"之高洁之象。对梅花之赞美，取其"梅花香自苦寒来"之刚韧之气。"岁寒三友""花中十客"也。人之晤对虽为花草树木，但皆是参悟择友之道；人之养赏虽为姹紫嫣红，但皆是自我性情之彰。自身高洁，修身养性，是为自守也，如兰花在室；取友不滥，与君子居，是为有持也，如梅竹在庭。雅赏，人雅也。

香道

香气通神。香道者，礼心畅神是也。古之有祡祭之礼。《虞书》云："至于岱宗，祡"。岱宗即为泰山也。《礼记·祭法》："燔祡于泰坛，祭天也。"祭天以气降天神。《礼记·祭义》云："气也者，神之盛也。"气，谓嘘吸出入者也。气是充盛发于外者，故谓之神之盛。故孔子谓燔祡气升以降神。商朝甲骨卜辞中亦有"祡"之字形，其意亦是手持燃木之祭礼。燔祡于泰坛，积薪之举也，薪上有牲，火以炙之，香气扶摇而上，虔诚之意示之于天之神。牲畜之外，亦有香草。《礼记·祭义》云："建设朝事，燔燎膻芗，见以萧光，以报气也。"燔薪以炙牲之香气，焚艾草以见火光，亦有植物之香气，二气合得，得以意神也。

香字会意，《说文解字》云："香，芳也，

从黍从甘。"《诗经·大雅·生民》云："卬盛于豆，于豆于登，其香始升。上帝居歆，胡臭亶时。"黍米之美，不惟其泽，更是其香，更在其养人之德。《左传·僖公五年》云："明德以荐馨香。"发扬美德来奉献芳香的祭品，馨香与德行并论也。黍之香，非香之贵，香之贵在于君主之德也。其言也劝勉，香气适于祭祀之重可窥一斑。黍稷合于祭祀，《诗经·小雅·楚茨》云："自昔何为？我艺黍稷""我仓既盈，我庾维亿""以为酒食，以享以祀"。其为祭祀之乐歌，其所叙为周朝祭祀之典章。黍稷芳香之盛，莫过于祭祀之用也。《诗经》之《生民》云："载谋载惟，取萧祭脂。"，萧为艾草，脂为牛肠脂，二者合烧于薪火之上，取二气之合得之。祭祀之香，礼通天地是为此。后人合香以礼身心，以此出也。

君主之祭天，庶民效之，同之于黍稷香蒿。《礼记·礼器》载孔子曰："臧文仲安知礼！夏父弗綦逆祀，而弗止也，燔柴于奥。夫奥者，老妇之祭也，盛于盆，尊于瓶。"夫奥者，老妇之神也。祭老妇之神，当时盛于盆尊于瓶，非燔柴之举也。臧文仲以燔柴之举祭老妇之神，不知礼是也。寻常人家之礼，亦有黍稷艾草之香也。宋人丁谓《天香传》云："香之为用，从上古矣，所以奉神明，可以达蠲洁。"自祭祀之中，至于日用而简，香身、熏香、辟秽、祛虫、医病，广而功之，采肃焚艾亦为庸常之事也。《周礼·天官冢宰》："宫人掌王之六寝之修，为其井匽，除其不蠲，去其恶臭。"修六寝，即整洁寝室也；井匽即茅厕之所，除其不蠲，去其恶臭，即为整洁井匽也。整洁之法无他，除却掩臭体之外，使熏香以祛臭。此为熏香用于生活之证也。渐为生活之雅气也。

香气养性。《孟子·尽心上》云："存其心，养其性，所以事天也。"存心养性之学，以致知为入门，以践履为实地，心固尽矣，犹恐出入之无常，而操之存之，使一动一静，常在于方寸之间中，而不夺于外诱之私。性固知矣，犹恐作为之或害，则顺而养之，使事物常循自然之则，而不涉于娇柔之失。存养之功，需求放心。学问之道无他，求其放心而已矣。求得放心之法，致知为本，环境为形，譬如儒冠在身，譬如室屋清洁，譬如焚香静气。孟子语其善养浩然之气，香气养气，亦养浩然正气也。《荀子·礼论》云："故礼者，养也。刍豢稻粱，五味调香，所以养口也；椒兰芬苾，所以养鼻也。"古之君子性养不舍香草，并成礼仪。东汉蔡质《汉官典仪》："尚书郎怀香握兰，趋走丹墀。"怀香即为口含鸡舌香是也。唐代黄滔《遇罗员外衮》："豸角戴时垂素发，鸡香含处隔青天。"唐代李商隐《行次昭应县道上送户部李郎中充昭义攻讨》："暂逐虎牙临故绛，远含鸡舌过新丰。"明代陈汝元《金莲记·接武》："御杯共醉龙头榜，春雪同含鸡舌香。"含香而成宫廷礼制，汉之始也。

道家之养生修为，善用草木辅助摄养，以香草为甚，并以香气为修道功成之标志。《法苑珠林·华香篇》曰："《幽明录》曰：'陈相子，吴兴乌程人。始见佛家经，遂学升霞之术。及在人间斋，辄闻空中殊音妙香，芬芳清越。'"《神仙感遇录》称："复书一朱符，置火上，瞬息间异香满室，有一人来，堂堂美须眉，拖紫秉简，揖樵者而坐！"梁人陶弘景《登真隐诀》曰："香者，天真用兹以通感，地祇缘斯以达信，非论希洁、祈念、存思，必烧香。"《香赞》曰："烟祥馥郁，瑞气氤氲。罗天海岳遍遥闻，列圣尽来临。赐福乾坤，大地获清宁。"《祝香咒》曰："道由心学，心假香传。香焚玉炉，心存帝前。真灵下盼，仙斾临轩。令臣关告，迳达九天。"不惟道，佛家亦是如此，皆极重香之歆止。

香草于百姓日用者，《离骚》《楚辞》冠及诸典籍，其及香草数十处。譬如《离骚》云："制芰荷以为衣兮，集芙蓉以为裳。"为先民稡撷香草之场景。先秦之民于香草之爱，可见一景矣。文献之采摘香草记，有修身象德之喻义。友人相亲，爱人相爱，则以香草相赠，如《离骚》云："溘吾游此春宫兮，折琼枝以继佩。及其荣华之未落兮，相下女之可诒。"《九歌·湘君》云："采芳洲兮杜若，将以遗兮下女。"《九歌·大司命》云："折疏麻兮瑶华，将以遗兮离居。"皆是以香草喻心迹，贵德贵义也。

古人从秋兰为佩，秋兰临秋而芳，佩之以装饰，以象德。《离骚》云："扈江离与辟芷兮，纫秋兰以为佩。"修身清洁，乃取江离、辟芷，以为衣被；纫索秋兰，以为配饰；博采众善，以为约束也。江离、辟芷，皆为香草也。君子配饰有论，行清洁者佩芳，行仁明者佩玉，解结者佩觿，决疑者佩玦，故孔子无所不佩也。以草为饰，以香气养性情，以兰喻德，古之君子之风也。

君子之室必雅室也，居室之雅唯赖香草。《九歌·湘夫人》载湘水女神宫殿之场景，所谓屋脊装饰以荷叶、加盖芷草以氤氲，所谓杜衡环绕以求色，紫贝砌院以尊贵，所谓桂树作梁、木兰作椽、辛夷为门、薜荔为帐幔，此宫殿为花草树木之盛也，芳香四溢，绚丽多彩，自然质朴，又处处喻德。宋人陈去非《焚香》云：

"明窗延静昼，默坐消尘缘。即将无限意，寓此一炷烟。当时戒定慧，妙供均人天。我岂不清友，于今心醒然。炉烟袅孤碧，云缕霏数千。悠然凌空去，缥缈随风还。世事有过现，熏性无变迁。应是水中月，波定还自圆。"用香之评价，亦是中肯。香道也，启蒙于先秦，初成于秦汉，成长于六朝，完备于隋唐，鼎盛于宋元，广行于明清。宋之巷陌飘香，香之极盛，宫廷宴会、茶坊酒肆无所不用；居家出行、读书会客、书画抚琴各得香宜。焚香为日常之趣，愉悦身心之伴侣。古今同道，今人续之。

香道之雅在于贵德。宋代朱熹《香界》云："幽兴年来莫与同，滋兰聊欲泛光风。真成佛国香云界，不数淮山桂树丛。"香气以通神，为其祭祀及养性之重；或高或洁以似德，为君子修身之凭；文人之爱，使其为雅文化及精英文化之托，诚如元代王哲《踏莎行·咏烧香》："身是香炉，心同香子，香烟一性分明是。"着一花而贵身，养一香而贵气，此香道之要义也。

茶

茶随卦象也。茶为木属，繁于山林，山上嘉木，嘉木为巽，山上有巽也；艮象为山，木植于山，山在其下，木下有艮也；巽又为风，合而言之，风山渐也。艮亦为手，手入嘉木，采摘之景也，采茶之象也。上九变之，巽亦为水，水在山上，山中之清冽，茶水之取也。渐之火水未济，互之也，水在火中，茶烧之象也。风火家人，水在火上，饮茶亲情也。

茶有精行俭德。精者，精致也。一事精致，足以动人，孔家儒生知礼而祭事精微，致其精微而见其广博。一物精致，足以诱人，花不俏巧而粗野，露珠不明则无异于黄潦。一情精致，足以感人。老子赠礼不以物质而以名言，士人交之以兰竹以表敬重。行者，敏于行也。空言不行，君子耻之；行之无义，乱也；行之无方，莽也；行之无果，庸也；行不及言，妄也。精行于宏，精行而行，行之形在于敏，行之质在于精，行之义在义以行之，行之方在于智，行之果在于民利也。民利则国强，士人之心大矣。精行于微，于义闲情，于方经验，于形雅然，于果无矣，举手投足，不舍情趣，不逆品格，不违心志，不妨雅乐，精行于私也。

俭德者，俭以养德也。俭，德之共也。俭德，少取多固。固，简陋之意。《论语·述而》云："奢则不孙，俭则固，与其不孙也，宁固。"朱熹云：奢侈则逆，俭则简陋，与其逆，宁简陋。意为一也。俭德者，颜回圣之，一箪食、一瓢饮，在陋巷，人不堪其忧，回不改其乐。子路亚之，《论语·子罕》载孔子赞曰："衣敝缊袍，与衣狐貉者立，而不耻者，其由也与？"俭德者，诸葛诫子以之：夫君子之行，静以修身，俭以养德。陈仲子以此为齐国巨擘也。

茶之精道，清正和雅是也。树老而孤奇，时正而叶宜，工巧而不失味，水纯而不浊汤，器具足而不舍繁。茶之行者，时正而采，工繁而作，水温宜而入，用器而待君子，情足而艺。茶之俭者，俭之少取也，一撮一盏足以盈时，一壶一瓢能以盈客，无有酒之畅快，是以俭也。因俭而慎独，以俭而寡世，用茶而清醒，是以俭养德也。精行不赘，俭德而处，茶之德行大矣。茶人之雅是以雅心。劳于心者以茶怠之，慌于情者以茶缓之，忧于神者以茶乐之，困于事者以茶解之，悦于世者以茶和之。俗务其间者，清静于茶室之内；烦琐于事者，易简于杯盏之中；无可奈何者，时间入茶而待解。鸿鹄之志者，用茶以涤志；壮志未酬者，用茶以涤心；隐逸不愠者，用茶以淡然；遁世无争者，用茶以闲适；甘愿凡夫者，用茶以佐餐也。心为气之主，心境为气之所，心静则静气蕴，乱则燥气生。茶养静气也。人静则能定，定而后有智，智而后有超然。茶养超然也。静气在身，超然在心，雅然之气场也。亦是用茶雅心。

烹茶雅时。雅时，应时顺时得时也。茶树得土地之性而盎然，得山水之利而青翠，得四时之气而勃发，此谓树得自然之精华也。若四时微变，茶叶亦变也。采茶需应时，仲春而动，应春时也；茶之笋者，屯之初生，薇蕨始抽，凌露采焉，应晨露时也；茶之牙者，发于藂薄之上，枝开叶夥，取其颖拔者，应新时也；雨天不往，乌云之下不奔，朗朗往之，应晴时也。烹茶之水，当在子时天地交合之机，取源头之水为上。应时则品高。顺时在于顺境也。悠闲以茶则添趣，繁忙以茶则暂歇，焦灼以茶则谋定，忧伤以茶则化愤，喜悦以茶则佐乐。享茶之时，杯盏即是世界，茶盅即为乾坤，微风入袍，美景悦目，诸事万般不粘心境，此为得时也。得时之心而用顺时应时之茶，雅时也。

茶为雅人之举。《周礼·天官冢宰》云："膳用六牲，饮用六清。"茶冠六清。贤者雅集，素业待客，雅友之会也。儒家天人合一，不舍植物之养，不舍花草之予，流离辗转之际，茶近乎餐也。老庄清静无为，隐逸而乐，亦有茶之伴也。佛门无要事，五蕴皆空，吃茶亦为精髓，禅茶一味，亦是清修之备也。晋人谢安访陆纳，纳以茶果待之，纳侄陆俶替以珍馐待之，以致纳怒其污秽其素业也。同时之人桓温亦是同好，朋友来，以茶果七奠待之而已。

雅茶贵器。茶具繁夥，贵重不一。珍稀者为重，究文者为贵。陆羽言其风炉，炉脚、炉口、炉架皆有《周易》之语，是为究文者也。炉有三脚，亦如乾卦三爻，以三才指万物也。坎上巽下离于中，坎为水，离为火，水在火上；巽为风，风下而火旺，意喻风炉之强劲也。茶具夹者如慎物，挑者如破局，拨者如稳心，盛者如坤地，闲者如隔河，水炙而乾德。器具者为饮者情趣之彰显，身贵则物贵，心雅则物雅。雅具不混于恶水鄙器，不淆于粗金污巾，不杂于果实香药，葆茶之味也。器物以风情，雅具以正味，此谓雅茶贵器也。

茶亦雅局。陌宾杂沓，觥筹交错；泛交乍会，常品酬酢；素心同调者，方才酌水点汤。清风之夜，清言雄辩，彼此相适，茶为倾听者也；明月之时，感怀古今，彼此相应，茶为同心者也；花开之际，各言赞誉，彼此相和，茶为同乐者也；琪树偶得，高言行空，彼此相祝，茶为同证者也；鼓琴看画，高见略别，彼此相启，茶为同师徒者也；听歌闻曲，蹈不可止，彼此相舞，茶为同趣者也；杜门避事，脱略形骸，彼此相赤，茶为同坦诚者也。雅局不近阴室厨房，不近市喧嘈场，不邀白丁粗鄙之人，不友野蛮盗跖之流，同心同德者，为局也。

雅茶以德雅为上。叶之德雅者，得时之气，得形态之正，得味道之纯。具之德雅者，得功效之足，得形意之美，得相得益彰。水火之德雅者，水之高泉，火之旺焦。人之德雅者为贵，主者雅心迎临，客者雅心面翁。一叶入炉，炉煮乾坤；酌分几碗，万事随风；乘热连饮，胸有成竹；啜苦咽甘，人生五味；友人片语，万籁俱寂。修为之功，修身之效，修心之业，修念之正，皆有所成。士以茶润，茶以士高，互为良友，雅茶以修德贵德也，茶之大雅也。

昆曲

戏曲之兴脱胎于歌舞，歌舞之兴本源于巫之兴也。巫之兴，盖在上古之世。《国语·楚语》云："古者民神不杂，民之精爽不携贰者，而又能齐肃衷正。""如是，则明神降之。在男曰觋，在女曰巫。""及少皞之衰也，九黎乱德，民神杂糅，不可方物。夫人作享，家为巫史。"然巫觋之兴在少皞前，盖此事与文化俱古矣。巫之事必用歌舞。《尚书·伊训》："敢有恒舞于宫，酣歌于室，时谓巫风。"《汉书·地理志》云："（陈太姬）妇人尊贵，好祭祀，用史巫，故其俗巫鬼。"太姬亦为陈国夫人也，武王之长女。太姬好巫，《诗经·陈风》可见一斑。《陈风》十首民谣，谈及巫事者比比，譬如《诗经·陈风·宛丘》"坎其击鼓，宛丘之下，无冬无夏，值其鹭羽"，《诗经·陈风·东门》"东门之枌，宛丘之栩，子仲之子，婆娑其下"。古之宛丘即今之淮阳，太昊之墟之地，今之祭祀之事极盛，盖是源自太姬也。

古之祭祀必也有尸。所谓尸者，盖群巫之中，必有象神之衣服、形貌、动作者，而视为神之所凭依。尸之浴兰沐芳，华衣若英，其以衣服之丽也；缓节安歌，竽瑟浩倡，其以歌舞之盛也；乘风载云之词，生别新知之语，其以通灵也。是则以通灵为职，或偃蹇以象神，或婆娑以乐神，此为后世戏剧之萌芽也。

俳优之兴在巫之后。《列女传》云："夏桀既弃礼仪，求倡优侏儒狎徒，为奇伟之戏。"倡，倡乐是也。古之优者，以乐为职。不同于巫，巫为祭祀；不同于尸，尸为通灵，二者心诚而庄重，而优则浮夸而嬉戏。优之难由孔子为之。孔子以司徒之职与君主共赴夹谷之盟。《榖梁传·定公十一年》载："夹谷会，齐人使优施舞于鲁君之幕下，孔子曰：'笑君者罪当死，使司马行法焉。'"鲁之司马斩俳优于幕前。圣人之怒缘起会盟之庄重与俳优之嬉闹之别，可见俳优仅限于乐趣之间，不得进步于严肃之景。《孔子家语》载，孔子言俳优为侏儒之流，侏儒之状貌堪如小人，以小人之舞对应于鲁君，既有置对方为小人后辈弱势之意，也有恃强凌弱之嚣张，故圣人命人斩之。俳优实有歌舞也。古之优者，皆是侏儒，以歌舞戏虐为事，亦有竞技。《史记》曾云角者，角者，角技也，亦为优之列。自汉以后，优则间演故事；而合歌舞以演一事者，则从北齐始。其事之简，谓之戏不若谓之舞，且实为戏剧之成形也。戏剧之成形，谓之其有舞，其有歌，其有故事，其有装扮，尽管之略简，但要素完备矣。

戏曲合乎《周易》之要义。《周易》两仪之阴阳，戏曲以生旦应者。老阴老阳以老旦老生应之。少阴少阳以小生花旦应之。《道德经》云"守雌抱雄"，此为男扮女装女扮男装之理论根基也。舞台之布置，自古至今循之于一桌两椅之规，暗合先天八卦三爻之列，又有三才之意。演者之服饰，曾有八卦之纹，演通灵之人智慧之人懂玄术之人者，多是此种服饰以标签。生为剧中之主，旦为剧中之合也，丑净为剧中之离，以生旦净末五家为制。五家相互独立又相互依存，相互反驳又相得益彰，是为辩证哲学之用也，是为阴阳之理也。彼此成就而成完善，彼此相托而得稳定，彼此反差而成戏化，彼此生克而跌宕起伏。男之角色，老生尊贵端正，小生风流倜傥，花脸粗放雄浑，丑角则风趣戏虐；女之角色，花旦活泼窈窕，闺门旦秀雅婉约，刀马旦婀娜英飒多姿，青衣则庄重娴静。场上方寸之间，各色人等汇聚；一时半刻之中，演尽人间五味，剧中小世界，人间大境况也。

《周易·系辞上》云："立象以尽意。"曲诸繁之旨也。唱词绘人间百态，唱念道出其词之景。譬如《西厢记》云"碧云天，黄花地，西风紧，北雁南飞"，寥寥词语堪如素描，句虽短而意蕴深长，此为唱念之意象也。戏曲虚拟人生，当以布景辅之，而舞台方寸之间，无以安山流水，故以幕画以象征。幕有城墙，意为铜墙铁壁，为堡垒之坚不可摧；幕有车轮，意为辇车；幕有水波，意为近水之时；幕有马鞭，意为驰骋万里；幕有舟楫，意为渡河往来；幕有雪花，意为寒冬已至。此之种种，为布景之意象。道具之意象者，为砌末也。器物之轻者，如酒杯茶具，不妨真品登场；器物之重者，如石磉石碾，无力以上台，假借伪品而已矣。若戏曲以道具为名，譬如《桃花扇》《琵琶记》《荆钗记》等，则信物也，则真品也。

戏曲教化之功以儒学为内核，人物形象之善恶分明，浩然正气之舍身取义，经世济民之仁心善心，皆是儒家之理。颂忠诚者以化民家国情怀，批猥琐者以正大光明，祛邪恶者以扬善正气，恶德亏者以崇高尚。忠君之戏曲化民以事君之义，重孝之戏曲化民以亲亲之道，讲节之戏曲化民以志向操守，行义之戏曲化民以取舍导向。儒学对戏曲之影响，受在作者。其多为文人士子儒家子弟。其学识致力于国家栋梁，若有不得，则以其贯身之才抒怀于笔端，抒意于曲调，经世不能而娱世，倾力于文学戏曲之间。作者以儒家之学识写人间之是非邪恶，自是儒家之道德色彩。其服饰妆容皆是儒家之规范。正者其外貌出众，衣服不淫不邪，或有官职则是兽纹加身，或为君主则是龙袍北坐；邪则五官不齐，衣服不正，言谈举止不端。脸谱色彩则是红表忠勇、黑表刚直、白表奸邪、蓝表威猛、黄表阴狠、绿表强悍、紫表耿介，以色喻义，以颜化人，亦为儒家之德行标准也。情节之设计，民众多喜团圆之结局。惩恶而有度，责错而给予改正之机会，善人必得圆满，忠臣必有善终，此是儒家中和之意也，是戏曲美学之旨也。

戏曲由一根而生万枝，其种类繁至几百种，昆曲为其显要也。为百花园中之兰花，由昆山腔至水磨调，再成昆剧而得以宏大。南曲戏文至昆山，融地方语音而成昆山腔，时人魏良辅愤南曲之讹陋，改之为水磨调。其调委婉细腻如溪水抚石，清远柔美如鸟鸣旷音。魏良辅获誉为"声场秉为曲圣，后世依为鼻祖"。苏杭皆爱水磨调，文人骚客趋之，水磨调成南曲声腔之正宗。梁辰鱼精进水磨调以改冷唱，以契合舞台表演之需，其作《浣纱记》问世惊人，此为昆曲传奇作品第一部，此后便开枝散叶。一代之文，每与一代之乐相表里，昆曲为明初之文乐也。

昆曲受文人之追潮，因而文人气息浓郁，几百年至今矣，仍明朝官话之韵白。文人清唱，其氛围也寂，其腔也圆，其咬字发音也准，其喝彩声也诚恳，为当时流行之风景。清唱最究字正腔圆。明人沈宠绥《度曲须知》曰："吐字极圆静，度腔尽筋节，高高下下，恰中平上去入之篆要，闭口撮口，与庚青字眼之收鼻者，无不合吕。"赏花借时，度曲循道。清朝尊昆曲为雅乐，王庭之活动必有昆曲添彩，江南达官贵人宴会必有昆曲助兴。时人以得昆曲之妙为傲，文人之志向，除却赤心为国，则是愿为曲中一角。昆曲之雅，雅在大美。美在辞藻，美在声腔，美在身形步伐，美在韵律，美在装扮。雅美而乐，昆曲大矣哉。合天地合人伦，戏曲大矣哉。

图书在版编目(CIP)数据

雅 / 胡高峰著 . —上海:上海三联书店, 2022.12
ISBN 978-7-5426-7962-8

I.①雅… II.①胡… III.①中华文化-研究 IV.
① K203

中国版本图书馆 CIP 数据核字(2022)第 227096 号

雅

著　　者 /	胡高峰
责任编辑 /	王　建
特约编辑 /	张弥迪
装帧设计 /	聿书堂
监　　制 /	姚　军
出版发行 /	上海三联书店
	(200030)中国上海市漕溪北路331号A座6楼
邮购电话 /	021-22895540
印　　刷 /	浙江海虹彩色印务有限公司
版　　次 /	2022年12月第1版
印　　次 /	2022年12月第1次印刷
开　　本 /	710×1000 1/16
字　　数 /	60千字
印　　张 /	11.5

ISBN 978-7-5426-7962-8/K· 704

定　价: 89.80元